スポーツと運動の生理学

実践・指導の現場に役立つ知識と応用

内山秀一・野坂俊弥・八田有洋　共著

理工図書

はじめに

　この本を手に取られた皆さんは,「生きている」とはどういうことかを考えたことがありますか。人それぞれに「生きている」と感じられる時は違うでしょう。この「生きている」とはどういうことかを,身体の構造と機能の側面から考えるのが生理学(Physiology)です。生理学は,人間の静的(安静)な状態での身体のメカニズムを解明しようする学問です。

　一方,運動生理学(Exercise Physiology)は,スポーツや運動によって,身体の構造と機能がどのように変化するのか,つまり主に動的(運動)状態での,身体の一過性の変化や適応を明らかにしようとする学問です。運動生理学を学び,スポーツや運動が身体にどのような影響を与えるのかを考えることから,人々の豊かな生活に貢献してほしいと思います。

　この本では,生理学的な枠組みを基本として,体育学やスポーツ科学を学ぶ方々に向けて,大学での講義における運動生理学の基本的内容をまとめました。各章の末尾には確認問題を付け,知識の確認ができるようにしました。

　執筆者らは,体育系学部で,自らもスポーツや運動の実践場面に身をおきながら,生理学,運動生理学,特にトレーニング科学,健康科学,脳神経科学を専門分野として教育と研究に関わってきました。近年の生活環境の変化に伴い,運動不足や体力低下が指摘される一方で,健康志向の高まりや競技スポーツの高度化など,私たちの身体を取り巻く環境は多様化しています。トップアスリートとして活躍する学生,指導者や教員を目指す学生,怪我と向き合う学生など,それぞれの目標や立場にあって,この本で学んだことが,スポーツや運動に関わる事象を科学的,論理的,分析的に考える材料になればと思います。

　最後に,生命や身体のメカニズムは未解決の領域でもあり,次々と新しい発見がなされます。加えて,スポーツや運動の影響となれば,単純ではありません。皆さんには,この本の内容を基本に,新たな知見にも目を向け,人間の身体,この未知なるものに興味を持っていただければと思います。そのことは,「自分自身を知る」ことにもつながります。この本で学ぶことが,体育学・スポーツ科学を学ぶ皆さんにとって,何かしらのきっかけとなることを期待しています。

著者代表　内山秀一

目次

コラム

第1章
運動とコンディショニング

概要

　人の体は約 60 兆個の細胞から構成されており，様々な環境の変化に対して柔軟に対応して生命活動を維持している。このような仕組みを生体の恒常性（ホメオスタシス）とよぶ。この章では，体の構成要素やそのはたらきなどについて理解し，運動・栄養・休養のバランスの大切さと心身の状態を整えるためのコンディショニングの重要性について学ぶ。

1-1. 生体の恒常性

1-1-1. 人体の構成要素

　人の体は約 60 兆個の細胞（cell）からできており，人体を構成する基本的単位は細胞である。細胞の大きさは，直径 5 〜 30μm（マイクロメートル）程度であり，その役割によって異なった形をしているが，共通の特徴をもっている。通常，どの細胞も細胞の内部は核と細胞質からなり，細胞膜で包まれている。細胞内にはいろいろな役割を果たしている小器官があり，これらを細胞内小器官という（図 1-1）。

　同じ種類の細胞が集まり，一定のはたらきをもった組織（tissue）がつくられ，異なる組織が組み合わさった集合体が器官（organ）である。さらに，特定の目的のために複数の器官が連絡し，それらのはたらきにより 1 つの機能が営まれる。これを器官系（系：システム）という。例えば，呼吸器系においては肺だけでなく，ガス交換が行われる肺胞，空気の通り道である気管や気管支，肺を拡大させる横隔膜など様々な器官が連携することによって呼吸ができる。このように，生体の各器官系は独立した機能を分担するが，完全に独立したものではなく，それぞれに相互の連絡がある。人体の機能は，各器官系のはたらきが統合されて高次の生命活動を維持することができる。

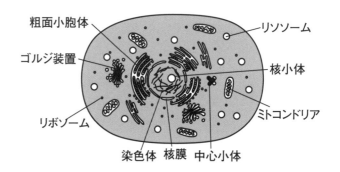

粗面小胞体　　リソソーム
ゴルジ装置　　核小体
リボソーム　　ミトコンドリア
染色体　核膜　中心小体

図 1-1　　細胞の構造と細胞内小器官

1-1-2. 細胞膜と物質の移動
（1）細胞膜の構造と性質

※半透膜
一定の大きさ以下の分子またはイオンのみを通過させ，それ以外の大きい分子を通過させない膜

　細胞膜は，細胞質と外界とを隔てている厚さ約 10nm（ナノメートル）の薄い二重の半透膜※であり，その主な構成成分は脂質である（脂質二重層）（図 1-2）。細胞膜には選択的透過性があり，脂溶性（疎水性）物質は通過しやすいが，イオンやグルコース，アミノ酸など水溶性（親水性）物質は自由に通過することができない。

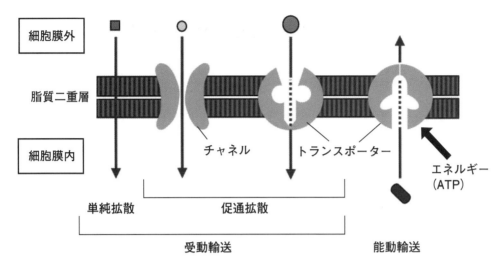

出典）桑名俊一ら，新版生理学，p7，図 1-7，理工図書，2019 より引用改変

図 1-2　細胞膜を介した物質の輸送

(2) 細胞膜を介した物質の輸送

　細胞膜を介した物質の移動には，受動輸送（passive transport）と能動輸送（active transport）がある。

　受動輸送は，濃度勾配にしたがって高濃度側から低濃度側へ物質（溶質）が移動する拡散（diffusion）による輸送であるため，エネルギーであるアデノシン 3 リン酸（adenosine triphosphate: ATP）を必要としない。酸素（O_2）や二酸化炭素（CO_2）などのガス体や脂溶性物質は自由に細胞膜を通過できるが，イオンやグルコース，アミノ酸など分子量の大きい物質は，細胞膜の膜輸送タンパク（チャネル，トランスポーター）などを介して細胞の内外を出入りする。このような膜輸送タンパクを介して輸送される受動輸送を促通拡散という（図 1-2）。水もイオンやグルコースと同じく脂溶性でないため，細胞膜を自由に通過することができないが，水チャネル（アクアポリン）を介して通過することができる。

　能動輸送とは，濃度勾配に逆らって低濃度側から高濃度側へ物質が移動する輸送であり，生体のエネルギーである ATP が必要である。この輸送の代表例として，細胞膜にある輸送タンパクであるナトリウム−カリウムポンプ（Na^+-K^+ ATPase）がある。生体の細胞の内外は，表 1-1 に示すようにイオン濃度が大きく異なっている。この濃度差を維持するために ATP を消費し，細胞膜にあるイオンポンプを介して，濃度勾配に逆らって細胞内のナトリウムイオン（Na^+）を細胞外に汲み出し（図 1-3 の①，②），細胞外のカリウムイオン（K^+）を細胞内に汲み入れている（図 1-3 の③，④）。そのため，細胞内液には K^+ が多く，細胞外液には Na^+ が多く含まれている（図 1-4）。

表 1-1　哺乳動物の細胞内液と間質液の主なイオン組成

主なイオン	細胞内（mmol）	細胞外（mmol）
ナトリウムイオン	15	150
カリウムイオン	100	5
塩化物イオン	13	150

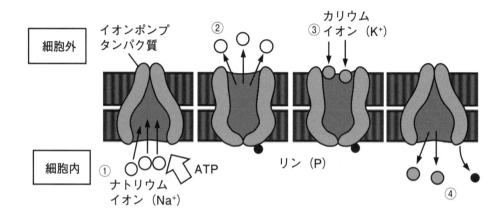

図 1-3　ナトリウム－カリウムポンプ

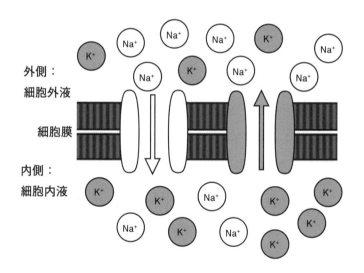

図 1-4　細胞の内外のナトリウムとカリウムの組成比

1-1-3. 人の体は水でできている

　人の体の約 60％は，水分で成り立っており，残りの 40％がタンパク質，脂質，無機質などの固形成分から構成されている。この体を構成している水分を体液という。体液は，体重のほぼ 60％を占め，細胞内液（40％）

と細胞外液（20％）に分類される（図 1-5）。細胞外液はさらに血管内の血漿，
さらに細胞と細胞の間にある間質液（組織間液）に分けられる。

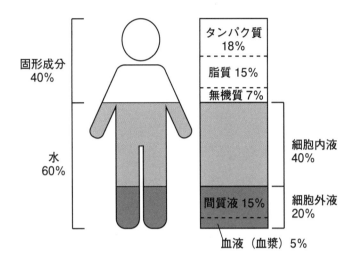

図 1-5　体の構成成分

1-1-4. 体液の恒常性

　体を構成している細胞の中で，外界の空気や水と直接接しているのは，
皮膚や粘膜の細胞であり，その他の細胞は細胞外液と接している。すべて
の細胞は細胞外液から酸素や栄養を取り込み，二酸化炭素や老廃物を細胞
外液に排出する。体の外の環境を外部環境とよぶのに対して，細胞外液は
内部環境とよばれ，内部環境が最適な状態に保たれることを生体の恒常性
（ホメオスタシス：homeostasis）とよぶ。

　成人が 1 日に摂取する水分は約 2.5L であり，これは尿や発汗として失
われる水分量とバランスが保たれている（水バランス）（図 1-6）。体が獲
得する水は，飲水，食物中の水，体内で代謝の結果生じる水が主である。
一方，失われる体液は，尿，糞便，呼気，
皮膚からのものである。水バランスが崩れ
ると，体液の量とイオン組成に変動が生じ
る。例えば，大量の発汗や嘔吐，下痢の際
には，体内から水分とともに電解質※も失
われるので，適切な量の水分と電解質を補
わなければ，生体の内部環境が破綻し，重
篤な状態を招くことになる。

※電解質
溶媒（水）に溶けると，
イオンになる物質であ
り，主な電解質にはナト
リウム，カリウム，マグ
ネシウム，カルシウムな
どがある。

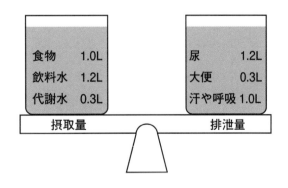

図 1-6　健康成人の 1 日あたりの水分摂取量と排泄量

1-2. 体液・血液の量と組成

1-2-1. 体液量は変化する

　体液量の割合は，年齢，性別，脂肪量などにより変化する。小児はその割合が高く 70％を超え，体液量は加齢とともに減少する。また，男女差もあり，女性は男性より 5 ～ 10％程度少ない。これは，体組成の脂肪が多いことに起因していると考えられている（図 1-7）。

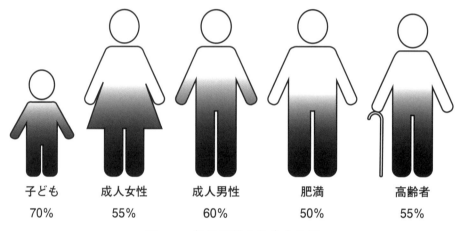

子ども	成人女性	成人男性	肥満	高齢者
70%	55%	60%	50%	55%

図 1-7　各年代別の体内水分量

1-2-2. 血液の主な成分

　血液は血管内を循環する流動性の組織であり，各組織をくまなく還流し，その間に血液中にある種々の物質は血管外および組織細胞内の液状成分との間に盛んな物質交換を行い，それによって体の内部環境を恒常に保っている（ホメオスタシス）。

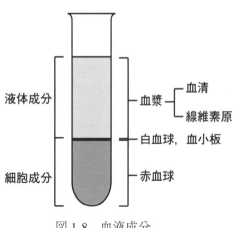

図 1-8　血液成分

　血液の約 45％は細胞成分であり，55％は液体成分である（図 1-8）。細胞成分には赤血球，白血球，血小板，液体成分は血漿がある。血液を体外に取り出し，試験管に入れて放置すれば約 10 分で凝固する。凝固は水溶性のタンパク質である線維素原（フィブリノーゲン）が不溶性の線維素（フィブリン）に変化する現象である。さらに放置して時間が経過すると，線維素および細胞成分は退縮して，透明な液状成分の血清が分離する（表 1-2）。

表 1-2　各血液成分の主な機能

出典）真島英信, 生理学, p.290, 文光堂, 2016 より引用改変

成分	主な機能
赤血球	酸素運搬, 二酸化炭素の運搬, pH 調節
白血球	感染防御, 異物処理, 抗体産生
血小板	血液凝固 (止血)
血漿	物質運搬, 血圧調節, 体温調節
無機塩類 (電解質)	浸透圧調節, pH 調節, 二酸化炭素の運搬
有機物	栄養物および代謝産物, 膠質浸透圧
線維素原 (フィブリノーゲン)	血液凝固

(1) 血漿

　90％は水であるが, 血漿タンパク質, グルコースなどの栄養素, 無機塩類, 老廃物, ホルモンなど重要な物質を多く含む。血漿タンパク質には, 膠質浸透圧※の維持, 免疫グロブリン※, 緩衝作用※, 担体輸送※, 血液凝固※などの生理作用をもつ。

(2) 赤血球

　赤血球には核がなく, その内容の大部分を占めるヘモグロビン (血色素, Hb) の作用により主として酸素の運搬を行う。その他, 炭酸脱水酵素を含み, 二酸化炭素の運搬や pH 調節にも関与する。

　赤血球の形状は円盤状で中央がくぼんでいる。形は固定ではなく, 膜の弾性により変形する (変形能)。成人男性では約 500 万 /mm^3, 女性では約 450 万 /mm^3 ある。血液の容積に対する細胞成分の相対的容積をヘマトクリット値という。正常値は男性 45％, 女性 40％である。

(3) ヘモグロビン

　ヘモグロビンは, 赤血球内にある鉄を含んだ色素タンパク質であり, 正常値は男性 16g/dL, 女性 14g/dL である。ヘモグロビンの主な役割は酸素を運搬することである。酸素と結合すると酸素化ヘモグロビン (オキシヘモグロビン) となり, 酸素濃度の高い動脈血は鮮紅色にみえる。一方, 肺でオキシヘモグロビンとなった赤血球は各組織で酸素を離して, 還元型ヘモグロビン (デオキシヘモグロビン) となる。したがって, 酸素濃度の低い静脈血は暗紅色にみえる。ヘモグロビン 1g あたり 1.34mL の酸素と結合することができる。つまり, ヘモグロビン濃度が高ければより多くの酸素を組織に供給することが可能となる。しかし, ヘモグロビン濃度が低下すると, 酸素供給能も低下するため, 疲れやすくなる。ヘモグロビン量が少ないと, 組織への酸素供給が不十分となり, 貧血となる。貧血の原因は, 赤血球の産生不足や多量の出血などである。

※膠質浸透圧
濃度の異なる 2 つの溶液が半透膜を境に接したとき, 低濃度の溶媒が高濃度側の溶液に移動しようとする現象を浸透といい, その圧力を浸透圧という。血漿タンパク質のアルブミンによって生じる浸透圧が膠質浸透圧であり, 毛細血管から漏出した血漿成分が, 毛細血管内に再吸収される際にはたらく力。

※免疫グロブリン
免疫反応の抗体として重要な役割を担う血中タンパク質。

※緩衝作用
体液や血液の水素イオン濃度 (pH) の変化を防ぐことを緩衝作用という。全血漿タンパク質の約 60％を占めるアルブミンを中心に pH の維持を行う。

※担体輸送
特定の物質と結合し, その物質を輸送することである。アルブミンは脂肪酸を運搬し, トランスフェリンは鉄イオンを運搬する。

※血液凝固
血液を固まらせる凝固反応は, 血小板が中心となる。血漿タンパク質のフィブリノーゲンも血液凝固因子であり, フィブリンとなって線維化する。

(4) 白血球

　白血球は核をもった球形の細胞であり，顆粒球（好中球，好酸球，好塩基球），単球ならびにリンパ球より成る。白血球数は通常，約 7,000 個 /mm³ であるが，感染症でその数が増加する。白血球は，ウイルス，細菌，寄生虫の感染に対する防御の役割を担い，組織への細菌侵入により発せられたシグナル，走化性因子を感知して，その部位を流れる血管の内皮細胞の隙間をくぐりぬけて組織へ侵入し，殺菌する。

(5) 血小板

　損傷を受けた血管は収縮し，傷の箇所に血小板が集まって，粘着性をもつようになった血小板と傷の周囲のコラーゲンとで塊をつくる。これを血小板血栓という。血小板血栓の周りに線維素（フィブリン）の網が形成され，最終的な血栓が形成される。この過程が血液凝固である。

コラム：アスリートの貧血

　アスリートに特有の貧血（anemia）を運動性貧血という。鉄欠乏性貧血は鉄分，タンパク質などの摂取不足や消化管などの慢性的な出血，月経による出血などによる鉄不足が原因である。また，運動時の着地や物理的衝撃などで赤血球が破壊される溶血性貧血もあり，これら 2 つの貧血は持久力の低下の原因となる。

1-3. 運動と体液成分

　運動時の発汗によって著しい体液の脱水（体重の 2%相当）が生じると，血液濃縮が生じ，血液の流動性が低下する。体液の脱水によるパフォーマンスへの影響は大きく，体重の 2 〜 3%の水分が失われると，有酸素性作業能力が低下し，体重の 5%相当の水分の損失は，無酸素性パワーや筋力，筋持久力の低下がみられる。そのため，適切な水分補給が必要である。どの競技においても開始 30 分前までに 250 〜 500mL の水分を取り，競技中は 15 分ごとに 150 〜 200mL ずつ摂取することが理想である。一度に多くの水分を取りすぎると，胃内に水分が停滞し，胃が重く感じるので注意が必要である。

1-4. コンディショニング

　コンディショニングとは，心身の状態をよりよい方向に整えることを指す。スポーツ選手にとってのコンディショニングは，フィットネス，スキル，メディカル，メンタル，栄養，用具，環境など様々な要因が考えられる。選手が最高の力を発揮し，よりよいパフォーマンスを生み出すために必要となるすべてのものがコンディション要因となり，目標とする試合で結果を出すためにそれらの要因を整えることがコンディショニングである。

　トレーニングとコンディショニングの違いは，トレーニングが心身の状態をあるレベルからより高いレベルに引き上げることを目的としているのに対して，コンディショニングは心身の状態を最高の状態に整えることを目的にしている点である。心身の状態を把握する際，基礎的な情報として心拍数，血液性状，疲労感，睡眠，体重変化などの指標が用いられる。

1-5. 運動・栄養・休養のバランス

1-5-1. 健康の３原則と超回復

　健康の３原則は，「運動・栄養・休養」である。これら３つのトータルバランスがとれていることが健康であると考えることができる。運動によって体を鍛え，栄養と休養をしっかりとることでスキルだけでなく体力も免疫力も向上する（図 1-9）。

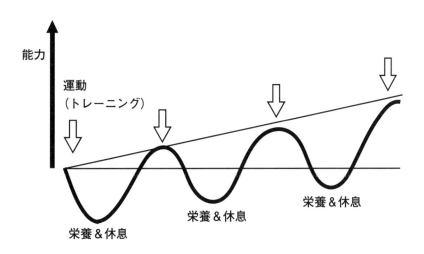

図 1-9　トレーニングに伴う身体諸機能の向上

超回復は，運動や筋力トレーニングによって筋グリコーゲンの減少，筋線維などタンパク質の分解・損傷などが生じ，一時的に体力や筋力が低下するが，十分な休養と適切な栄養補給により運動・トレーニング前の状態を超えて回復することである。

運動には効果（功）と弊害（罪）の両面があり，諸刃の剣でもある。効果としては，健康の保持増進，体力向上，社会復帰に向けたリハビリテーション（運動療法）などがある。一方，弊害としては，スポーツ障害や過度の運動によるオーバートレーニングなどがあげられる。

1-5-2. オーバートレーニング症候群

適切な栄養と休養をとらないまま高負荷強度トレーニングを継続すると，ダメージが修復されず疲労が蓄積し，慢性疲労の状態になりやすい。これは，一般的に運動（スポーツ）の実施により生じた生理的な疲労が，十分に回復の過程をとられることなく積み重ねられた結果として生じたと考えられている（図1-10）。

症候には軽症から重症まであり，初期には原因不明の競技成績の低下を訴えることが多い。進行すると易疲労感，全身倦怠感，睡眠障害，食欲不振，体重減少および集中力の欠如などを訴えるようになる。そして最悪の場合には，うつ状態に類似した精神異常を示すようになる（図1-11）。

オーバートレーニング症候群の予防のためには，トレーニングを含めた日常生活での変化（起床時心拍数，運動トレーニングに対する心拍数変動，体重変動，食欲低下，自覚症状など）に関して注意深く観察することが重要である。

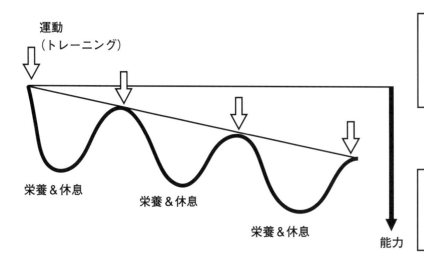

図1-10　オーバートレーニングのメカニズム　　　　図1-11　オーバートレーニングの症状と要因

1-5-3. 運動・食事・睡眠のタイミング

　高負荷強度のトレーニングによって体の細胞・組織にダメージが生じ，血液中に細胞内物質が漏出する。特に，筋線維の損傷やコラーゲンの分解などが生じ，そのダメージの修復には，約1〜2日（24〜48時間）かかるといわれている。ダメージの修復には，成長ホルモンが不可欠であり，この分泌促進には食事と睡眠が重要である（図1-12）。

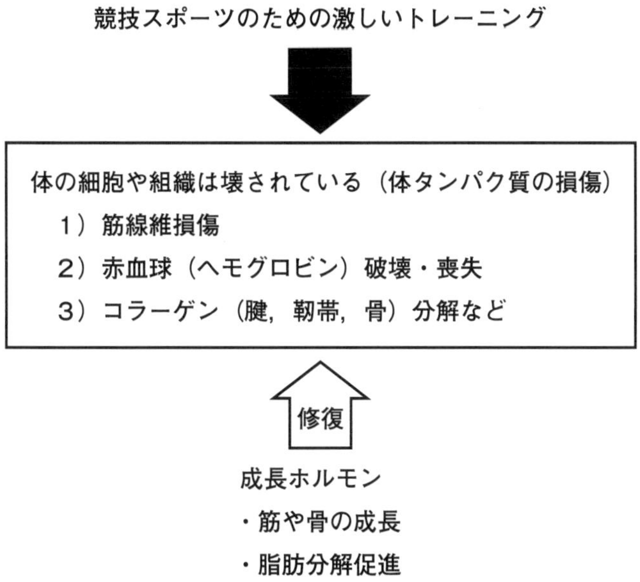

競技スポーツのための激しいトレーニング

　体の細胞や組織は壊されている（体タンパク質の損傷）
　1）筋線維損傷
　2）赤血球（ヘモグロビン）破壊・喪失
　3）コラーゲン（腱，靭帯，骨）分解など

修復

成長ホルモン
・筋や骨の成長
・脂肪分解促進

図 1-12　ダメージの修復に必要な成長ホルモン

（1）睡眠と成長ホルモン

　成長ホルモンは，筋力トレーニングなどの高負荷強度トレーニング直後やノンレム睡眠※時に分泌が促進される。成長ホルモン分泌が促進される時間帯をうまく利用すると超回復によるトレーニング効果を高めることが期待される。

※ノンレム睡眠
眠り始めてから最初の3〜4時間に出現する眼球が動かない眠りであり，浅い眠りから深い熟睡まで4段階に分けられる。

（2）運動後のタンパク質と糖質の摂取

　トレーニング終了後には，体タンパク質合成を活性化し，迅速なダメージの修復とエネルギー物質の再合成・補充が必要である。また，トレーニングによって体内エネルギー代謝が最大に動員されると，特定の物質の消耗が促され，グリコーゲンなどが消費・枯渇する。さらに，高負荷強度のトレーニングによって体内に特定の物質（乳酸など）が産生・蓄積される。

　そこで，トレーニング終了後できるだけ早期（30分〜1時間以内）にタンパク質と糖質を摂取するのが効果的である。トレーニング直後，筋のタンパク質合成と分解が最大に達しており，このタイミングでタンパク質

を摂取することは筋肉づくりに最も適した栄養摂取となる。つまり，トレーニング直後にインスリン分泌刺激作用のある糖質を摂取することは，タンパク質の分解を抑制することに有効である（図 1-13）。

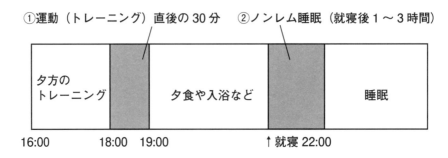

図 1-13　成長ホルモン分泌を促す運動・食事・睡眠のタイミング

確認問題

問1　人体の構成要素（成分）について，誤っているのはどれか。2つ選べ。
a. 人体を構成する基本的単位は，細胞である。
b. 細胞膜の主な構成成分は，糖質である。
c. 細胞外液には，Na^+が多く，細胞内液にはK^+が多い。
d. 人の体重の約60％は，水分である。
e. 体脂肪率が高いと，体に含まれる水分量は多い。

問2　細胞膜を介した物質の移動と輸送について，正しいのはどれか。
a. 水溶性物質は，細胞膜を自由に通過する。
b. 拡散では，低濃度から高濃度の側に物質（溶質）が移動する。
c. 高濃度の溶媒が低濃度側の溶媒に移動する現象を浸透という。
d. 酸素や二酸化炭素は，拡散によって細胞膜を通過できる。
e. 能動輸送は，エネルギーを必要としない。

問3　コンディショニングについて，誤っているのはどれか。2つ選べ。
a. 起床時心拍数は，体調の変化を知る指標となる。
b. 運動・栄養・休養のバランスが重要である。
c. 超回復は，疲労−回復−超回復の3段階の過程をたどる。
d. 筋力トレーニングによって筋線維には，微細な損傷が生じている。
e. オーバートレーニング症候群は，突然発生する。

参考文献

1)河田光博, 樋口　隆（編）：シンプル解剖生理学, 南江堂, 2003.

2)桑名俊一, 荒田晶子（編）：新版生理学, 理工図書, 2019.

3)小山勝弘, 安藤大輔（編著）：運動生理学, 三共出版, 2013.

4)鈴木正成：実践的スポーツ栄養学, 文光堂, 2015.

5)トレーニング科学研究会（編）：トレーニング科学ハンドブック, 朝倉書店, 2003.

6)中里浩一, 岡本 孝信, 須永 美歌子：1 から学ぶスポーツ生理学, ナップ, 2016.

7)冨樫健二（編）：スポーツ生理学, 化学同人, 2015.

8)本郷利憲, 廣重力, 豊田順一（監修）：標準生理学, 第 6 版, 医学書院, 2007.

9)真島英信：生理学, 文光堂, 2016.

第2章
運動とエネルギー供給機構

概要

　食物は，動くためのエネルギーになったり，体をつくる材料になったり，それを円滑に行うための役割を果たしたりする。本章では，体内に入った食物がどのような過程を経て運動に必要なエネルギーとなるのかを学習する。

2-1. 生体のエネルギー

2-1-1. 栄養素とエネルギー

　食物中に含まれる栄養素のうち，炭水化物（糖質），脂質（脂肪），タンパク質を三大栄養素（熱源栄養素）という。このうち，炭水化物や脂肪は熱産生や活動のためのエネルギーを産生し，タンパク質は体づくりには欠かせない栄養素である。その他のミネラル（無機質）類やビタミン類（微量栄養素），水や食物繊維も体内環境の維持に重要な役割をもっている。これらの栄養素は，消化吸収され，代謝過程によって生命維持や運動に必要なエネルギーや体構成成分に変換されていく（表 2-1）。

表 2-1　エネルギー基質とエネルギー供給特性

熱源栄養素	エネルギー基質	エネルギーの供給特性	主要な供給経路
炭水化物	筋グリコーゲン	エネルギーの生成速度は速い〜遅い 貯蔵量少なく短時間の供給	筋細胞内貯蔵 血中グルコースを取り込み，筋細で合成
	血中グルコース	エネルギーの生成速度は速い〜遅い 肝臓からの供給である程度持続的	食物中炭水化物の消化吸収 肝臓からの供給（肝グリコーゲンの分解，糖新生による合成）
脂肪	筋中トリグリセリド	エネルギーの供給速度は遅い 酸素の供給が必要不可欠	筋肉内細胞組織貯蔵 筋細胞内貯蔵
	血中遊離脂肪酸	エネルギーの供給速度は遅い 脂肪組織からの供給により永続的 酸素の供給が必要不可欠	脂肪組織や肝臓のトリグリセリドの分解
タンパク質	筋中アミノ酸	エネルギーの供給量は少ない 一部のアミノ酸は直接分解される	血中アミノ酸の取組み 筋肉内タンパク質の分解
	血中アミノ酸	エネルギーの供給量は少ない 筋肉への供給 肝臓への運搬後に代謝（糖新生など）される	食物中タンパク質の消化吸収 体タンパク質の分解

2-1-2. アデノシン 3 リン酸（ATP）

　摂取された栄養素は，代謝過程によってエネルギーや体構成成分に変換されていくが，筋収縮に必要なエネルギー源は，ATP（adenosine triphosphate）である。ATP はアデノシンと 3 つのリン酸が高エネルギーリン酸結合した形であり，ATPase（ATP 分解酵素）により末端のリン酸が 1 つ離れて ADP（adenosine diphosphate）になるときにエネルギー（ATP 1mol あたり 7.3kcal）を生じる。このエネルギーによって筋が収縮し運動が生じる（図 2-1）。

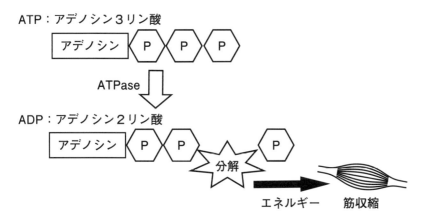

図 2-1　筋収縮のエネルギー源

2-1-3. エネルギー代謝と ATP 供給機構

　骨格筋内に含まれている ATP は，高強度の運動を数秒間続けられる程度の量（骨格筋 1g あたり 3 ～ 8μmol）しかない。運動を続けるためには，ATP を筋線維内で合成する必要がある。ATP は，食事によって摂取された糖質，脂質，タンパク質が筋グリコーゲン，血中のグルコース（血糖），トリグリセリド（脂質），遊離脂肪酸，アミノ酸などのエネルギー基質に変換され，代謝過程を経て産生される。さらに，長時間の運動では，筋中や血中のエネルギー基質だけでは足りず，肝臓や脂肪組織などに貯蔵されているものが動員される。このように，エネルギー基質から ATP を産生することをエネルギー代謝といい，その代謝過程を ATP 供給機構という（表 2-1，図 2-2）。このエネルギー代謝には，酸素を使わない嫌気的代謝と，酸素を必要とする好気的代謝がある。

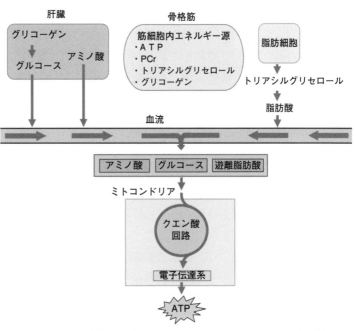

出展）桑名俊一ら，新版生理学，p136，図 5.10，理工図書，2019 から引用改変

図 2-2　筋におけるエネルギー源獲得方法

2-2. 運動時のエネルギー供給系

嫌気的代謝で行われる運動を無酸素性運動，好気的代謝で行われる運動を有酸素性運動という。

2-2-1. 無酸素性運動

骨格筋における嫌気的代謝には，骨格筋に貯蔵されているクレアチンリン酸（phosphocreatine）の分解（ATP-PCr系※）とブドウ糖（糖質）の分解（解糖系）とがある。

※ ATP-CP系という表記もある。

ATP-PCr系は，ATPの分解によって生じたADPとクレアチンリン酸の分解で生じたリン酸とが結合し（ローマン反応），ATPを合成する。この反応では，短時間でATPを産生できるが，生じるATPはごく少なく，数秒程度の運動で消費されてしまう。

解糖系は，筋細胞内にグルコース輸送体を介して糖質（グリコーゲンやグルコース）を取り込み，ピルビン酸へと変化させていく過程でATPを産生する経路である。この経路では，解糖系酵素であるホスホフルクトキナーゼ（PFK）などが反応を促進し，グリコーゲン1molからATPは3molを産生する※（図2-3）。

※解糖系でのATP産生
解糖系では，グリコーゲン1molからATP 4molが産生されるが，途中の反応で1molを使ってしまうため，産生されるATPは3molとなる。一方，グルコースから産生されるATPは，さらに途中の反応で1molを使い2molである。

ATP-PCr系と解糖系の反応経路では酸素を必要とせず，細胞内で行われる比較的単純な化学反応であり，時間もかからないことから，短時間の激しい運動や短距離ダッシュなど，短い時間に大量のATPが必要なときに有利な代謝である。例えば，ATP-PCr系からエネルギーを供給できる時間は約8秒といわれ，陸上競技の100m走では，走るエネルギーの大部分を占める。また，解糖系によるエネルギー供給は約33秒といわれることから，ATP-PCr系の約8秒と解糖系からの約33秒の計41秒となり，陸上競技400m走の運動時間の大部分を占めることに相当する（図2-4）。このようにATP-PCr系と解糖系からエネルギーを供給される運動を無酸素性運動という。

※筋内環境の変化
筋内環境が酸性に傾くと，筋小胞体内Ca^{2+}動態や酵素活性に影響し，筋の収縮機構がはたらきにくくなり，運動の継続を阻害する可能性がある。

さらに，このような短時間の激しい運動を行った際には，解糖系が亢進し，ピルビン酸が多量に生じ，乳酸とH^+（水素イオン）が生成される。乳酸は，細胞に障害を及ぼすことから，血中に放出され血中乳酸濃度が高まる。血中の乳酸は肝細胞でピルビン酸に戻され，エネルギー産生のために再利用される（糖新生）。また，H^+は筋内環境を酸性にし，運動の継続を阻害する可能性があるが※，主に腎臓の炭酸水素イオン（HCO_3^-）によって中和される。運動後のクールダウンは，筋への血流を促し，乳酸を肝臓に送り，炭酸水素イオンを筋肉中に送り込むための有効な手段である。

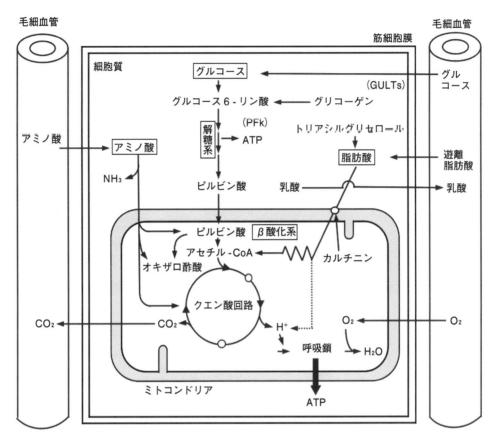

出展）桑名俊一ら，新版生理学，p135，図 5.9，理工図書，2019 から引用改変

図 2-3　共通代謝経路とエネルギー源の獲得

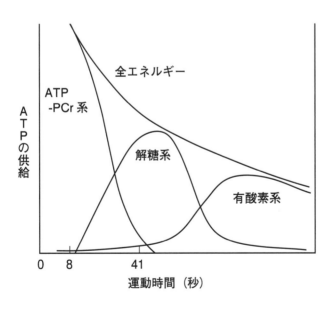

図 2-4　運動時間とエネルギー供給機構

2-2-2. 有酸素性運動

　糖質（グリコーゲンやグルコース）をエネルギー基質とする解糖系で生じたピルビン酸は，運動強度が低く酸素の供給が十分であれば，ミトコンドリア内に入る。ミトコンドリアは二重膜構造であり，内膜は櫛状のクリステを形成し，好気的代謝（酸化系）の化学反応が行われている。ミトコンドリア内のピルビン酸は，アセチル-CoA に変換され，クレブス回路（クエン酸回路，TCA 回路）とよばれる好気的代謝の過程に入る。クレブス回路ではアセチル-CoA 1mol あたり 2mol の ATP が合成される。さらに，そこで生じた H^+（水素イオン）と e^-（電子）は，電子伝達系の「酸化的リン酸化」反応を経て，クレブス回路では 36mol の ATP と，水（H_2O）と二酸化炭素（CO_2）とが産生される。この好気的代謝には，コハク酸デヒドロゲナーゼ（SDH）などの酵素が関与し，化学反応のステップが多く，解糖系に比べて時間がかかるが，酸素が供給されていれば長時間のエネルギー産生が可能である（図 2-3）。

　また，糖質とともに有効なエネルギー源となる脂質は，グリセロールと脂肪酸とに分解される。脂肪酸はミトコンドリア内の β-酸化によって生じたアセチル-CoA と H^+ がクレブス回路および電子伝達系の好気的代謝の過程に入りエネルギーを産生することができる。例えば，脂肪酸の一種であるパルミチン酸 1mol からは ATP 129mol が合成される（図 2-3）。

　さらに，長時間の有酸素性運動では，体に貯蔵された脂質（体脂肪）の分解も進み，グリセロールの一部は肝臓に運ばれ利用され，脂肪酸はエネルギー源となる（図 2-3）。なお，タンパク質は，主に体構成成分として利用され，エネルギー代謝に利用される量は少ない。

　このように，酸素の供給が十分になされ，ATP を合成する基質があれば，無限に運動することが可能ということになる。

コラム：脂肪は運動開始 20 分後から利用される？

　「脂肪は運動開始 20 分後から利用される」あるいは「脂肪は運動後 20 分たたないと利用されない」といわれるが，血中にある脂肪酸は，常に利用されている。脂肪は，分解されミトコンドリアで利用されるまでに長い経路をたどるが，低強度の持久的な運動では，運動開始 20 分後ごろから，脂肪の分解が促進され血中の遊離脂肪酸濃度が上昇する。このことが，「脂肪は運動開始 20 分後から利用される」といわれる背景である。

確認問題

問1　筋活動のエネルギー供給について誤っているのはどれか。

a. ATP は筋収縮の直接的なエネルギー源である。

b. ATP-PCr 系のエネルギー供給速度は速い。

c. 解糖系の代謝産物として生成された乳酸の一部は，有酸素性運動で利用される。

d. 解糖系のエネルギー供給速度は有酸素性運動時よりも速い。

e. ATP 産生量は，酸化系に比べ解糖系のエネルギー供給機構で多い。

問2　エネルギー供給系について誤っているのはどれか。

a. 全力運動の場合，ATP-PCr 系からは 7 〜 8 秒間のエネルギーが供給できる。

b. 解糖系で生じた乳酸の処理が間に合わない場合，乳酸はピルビン酸に変換される。

c. 全力運動の場合，解糖系からは 32 〜 33 秒間のエネルギーが供給できる。

d. 酸化系エネルギー供給系では，糖質，脂質，酸素などが十分に供給される限り，無限にエネルギーを供給することができる。

e. 酸化系では，脂肪酸も代謝されエネルギーを産生する。

問3　運動時のエネルギー供給系について正しいのはどれか。2 つ選べ。

a. 運動時の ATP 供給系において，ATP-PCr 系が最も短時間で ATP を合成できる。

b. 筋組織内が無酸素状態になるような運動時には，乳酸からピルビン酸へと変換する代謝が亢進される。

c. 運動により解糖系亢進すると筋細胞内 H^+ が蓄積し，筋内 pH を低下させることが筋疲労の要因となる。

d. 筋内ミトコンドリアでのエネルギー産生は，高強度・短時間運動で低強度・長時間運動より多い。

e. タンパク質は，運動時に糖質や脂質よりも多くの ATP を産生できる。

参考文献

1)春日規克，竹倉宏明（編著）：運動生理学の基礎と発展 改訂版，フリースペース，2010.

2)桑名俊一，荒田昌子（編著）：生理学，理工図書，2016.

3)桑名俊一，荒田昌子（編著）：新版生理学，理工図書，2019.

4)須田和裕（編）：はじめて学ぶ健康・スポーツ科学シリーズ 生理学，化学同人，2015.

5)八田秀雄：乳酸と運動生理・生化学 - エネルギー代謝の仕組み - ，市村出版，2009.

6)村岡功（編著）：スポーツ指導者に必要な生理学と運動生理学の知識，市村出版，2013.

7)和田正信，三島隆章，山田崇史：筋収縮における乳酸の役割，体育学研究 51，229-239，2006.

第3章
運動と骨格筋系

概要

　筋肉は，身体の中で最も大きな割合を占める組織である。骨格筋は，骨を動かして運動を生じさせるとともに，循環や熱産生にもかかわっている。また，トレーニングなどの様々な刺激に対しての適応力が高く，可塑性に富んだ組織である。

3-1. 骨格筋の構造と機能

3-1-1. 骨格筋とは

　人体を構成している筋は,骨格筋（体を動かす筋肉）,心筋（心臓の筋肉）,平滑筋（血管,気管,消化管などの壁にある筋肉）の 3 種類に分類される。中でも,骨格筋は,上腕二頭筋や大胸筋など全身で 400 種類以上あり,体重の約 40 ～ 50% を占めていて,人が動くことは勿論,呼吸運動や熱産生により恒常性の維持にも関わっている。

　骨格筋は,運動やトレーニングなど,適度に使えばその機能を向上させることができ,不活動やギブス固定などにより使われなければ萎縮し,使いすぎると障害を生じるという「ルーの法則」によく相応しており,可塑性に富んだ組織である。

　筋の形状は,筋線維の走行によって,紡錘筋,羽状筋などに分類される。また,筋頭が分かれている多頭筋もあり,その数によって二頭筋,三頭筋,四頭筋などの名称がつけられている。さらに,腹直筋のように筋腹がいくつかあるような形状（多腹筋）を示すものもある（図 3-1）。

　筋肉は,動きや運動に主に関わる主働筋,主働筋を補助する共働筋,反対方向へ作用する拮抗筋に分けられる。また,関節の動きに合わせて,屈曲と伸展を引き起こす筋を,それぞれ屈筋と伸筋という。

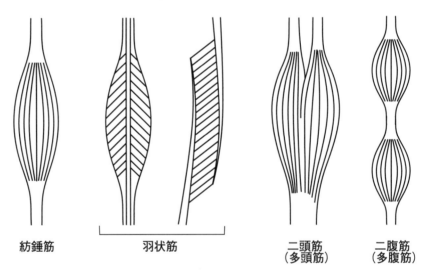

紡錘筋　　羽状筋　　二頭筋（多頭筋）　　二腹筋（多腹筋）

図 3-1　骨格筋の形状

3-1-2. 骨格筋の構造

　骨格筋は,頑丈な腱を経て 2 つ以上の骨に付着し,関節を形成しており,筋の収縮が骨を動かすことによって運動が生じる。骨格筋は,多数の筋線

維（筋細胞），神経線維，筋紡錘などの感覚器，結合組織，血管などで構成されている（図 3-2）。筋線維（筋細胞）は，1 つの細胞内に複数の核をもつ多核細胞で，直径 10μm 〜 100μm，長さ数 mm 〜 10cm 以上のものもあり，膜によって束ねられ（筋束），筋膜で覆われている。さらに，筋線維には，ミトコンドリア，ゴルジ装置，リソソームなどの基本的な細胞内小器官，収縮機構に関連する横行小管（T 管）や筋小胞体のほか，筋衛星細胞とよばれる様々な刺激に応じて活性化し，分裂融合の末，筋線維になるとされる未熟な筋細胞もみられる（図 3-2）。

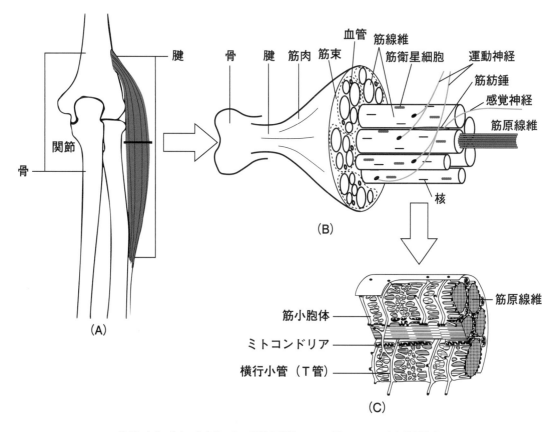

出典）（A），（C）：桑名俊一ら，新版生理学，p127，図 5.2，2019 より引用改変

図 3-2　骨格筋の構造

　筋線維内には，細い筋原線維が縦方向に並んでいる。骨格筋を光学顕微鏡で観察すると，縞模様（横紋）がみられる。この横紋は，骨格筋の収縮に関わるタンパク質であるミオシンとアクチンが，ハシゴ状に配列されていることによるものである。横紋の暗くみえる所を暗帯（A 帯），暗帯と暗帯との間で明るくみえる所を明帯（I 帯）という。A 帯の中央にも明るくみえる H 帯があり，I 帯の中央部には Z 帯がある。A 帯はミオシンとアクチンが重なっており，I 帯にはアクチンのみがある。H 帯には，ミオシ

ンのみがあり，アクチンの重なりがないのでやや明るくみえる。Z帯から
Z帯までを筋節（サルコメア）という（図3-3）。

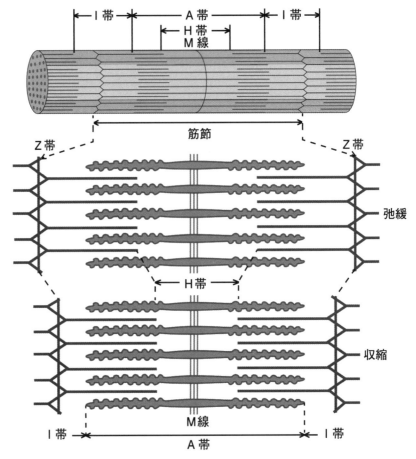

出典）桑名俊一ら，新版生理学，p129，図5.4，2019 より引用改変

図3-3　骨格筋の微細構造

コラム：発育に伴う筋の変化

　かつては，成長の過程で，それぞれの筋の筋線維が太くなるのみで，その数は増加する
ことはないとされていた。しかし，近年，成長に伴い筋線維数も増加し，その増加には筋
衛星細胞が関与している可能性が示された。また，筋線維の損傷と再生の繰り返しは，筋
線維の増殖をもたらす可能性も示唆されている。さらに，骨格筋由来の幹細胞も発見され，
再生医療への応用も期待されている。

3-2. 骨格筋の収縮機構

3-2-1. 運動単位

　筋線維は，運動神経からの命令（刺激）を受けて収縮し，力を発揮する。1つの運動神経細胞は，数本の筋線維を支配しており，この筋線維グループは同時に収縮する。このように，1つの神経細胞とそれに支配される筋線維群は，筋肉が収縮し力を発揮する時の機能的なまとまりであり，運動単位（motor unit）とよばれる。例えば，顔や手指のような細かい動きをする筋では，1つの神経細胞に支配される筋線維数は50本くらいであるのに対し，体幹や四肢の筋肉のように大きな動きを求められる筋では，1つの神経細胞に支配される筋線維数は1,000本以上であるといわれている（神経支配比）。

3-2-2. 筋収縮のメカニズム

　筋線維と神経線維との接合部（神経筋接合部）には，10nmほどのわずかな隙間がある。神経線維の電気的な興奮が運動神経終末に達すると，神経伝達物質であるアセチルコリンが筋線維に放出される。それにより筋線維に生じた興奮（活動電位）は，横行小管から筋小胞体に伝わり，カルシウムイオン（Ca^{2+}）が筋線維内へ流入することにより筋が収縮する。このように，筋線維に活動電位が生じてから，筋線維が収縮して力を発揮するまでの一連の過程を興奮収縮連関という。さらに，収縮が終わると，カルシウムイオン（Ca^{2+}）は，カルシウムポンプにより筋小胞体内へ回収され筋は弛緩する。

　筋収縮時には，ミオシンの間にアクチンが滑り込み，H帯が狭くなり，筋節（Z帯とZ帯の間）も狭くなる（A帯は変化しない）。このように，ミオシンの間にアクチンが滑り込むことを滑走説（sliding theory）という（図3-3）。

3-2-3. 筋収縮と力の発揮

　摘出した動物の筋に1回の電気刺激を与えると，刺激後10msec～20msec遅れて，1回の収縮（力の発揮）が生じる。これを単収縮という。単収縮では，1回の電気刺激による活動電位が生じてから力が発揮されるまでを潜時，筋が収縮して力を発揮している時期を収縮期，筋が弛緩していく時期を弛緩期という（図3-4上）。また，電気刺激の間隔が短く，1つの電気刺激による弛緩が終わらないうちに次の刺激を生じさせた場合，力の加重現象が生じ，単収縮よりも大きな収縮力が得られる。電気刺激の間

隔が比較的長い場合には，単収縮の繰り返しが認識できる（不完全強縮）が，刺激間隔を短くした場合には，滑らかな張力曲線となり，この状態を完全強縮という（図3-4）。一般に，人の力の発揮では，ほとんどの場合が完全強縮であるといわれている。

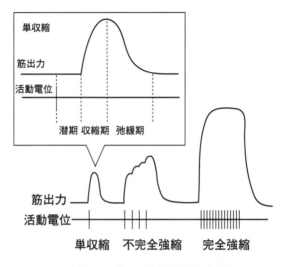

図 3-4　筋の活動電位と収縮

3-3. 骨格筋線維タイプ

3-3-1. 筋線維タイプとその特性

　骨格筋は，みかけ上，全体的に赤色の濃い赤筋と，それに比べてやや白っぽい白筋に分類することができる。この色の違いは，ミオグロビンという血液中のヘモグロビンよりも酸素親和性が高い鉄色素たんぱくの含有量の違いによるものである。また，筋線維の収縮特性とそれを反映するミオシンのATPase活性に基づく組織化学的検索により，収縮速度の遅いST線維（遅筋：slow twitch fiber または Type I fiber）と収縮速度の速いFT線維（速筋：fast twitch fiber または Type II fiber）に大別される。さらに，ATPase活性と酸化系酵素であるコハク酸デヒドロゲナーゼ（SDH）活性による組織化学的検索を組み合わせることにより，遅筋（赤筋）線維であるSO線維（slow twitch oxidative fiber または Type I fiber）と，速筋（白筋）線維であるFT線維は，FOG線維（fast twitch oxidative glycolytic fiber または Type IIa fiber）およびFG線維（fast twitch glycolytic fiber または Type IIb fiber）に分けることが可能である（表3-1）。

表 3-1　筋線維タイプ

遅筋線維	速筋線維	
ST 線維	FT 線維	
ST 線維	FTa 線維	FTb 線維
タイプⅠ線維	タイプⅡ線維	
タイプⅠ線維	タイプⅡa 線維	タイプⅡb 線維
SO 線維	FOG 線維	FG 線維

(1) 遅筋線維 (SO 線維)

　遅筋線維である SO 線維は，他の速筋線維に比較して発揮できる力は小さいが，疲労しにくい性質をもっている。加えて，遅筋線維を支配する運動神経の細胞体は小さく，興奮の閾値が低いため，筋力発揮に際しては，遅筋線維から優先的に動員される。SO 線維にはミトコンドリアの数が多く，有酸素的代謝能力に関係する酸化系の酵素活性が高いこと，毛細血管が密でミオグロビンの含有量も多いなどの特徴も有している。

(2) 中間筋線維 (FOG 線維)

　速筋線維である FOG 線維は，比較的収縮力が大きく，疲労しにくい性質をもち，高い適応能力をもっているといわれている。遅筋線維と速筋線維の両方の特性をある程度もっている。

(3) 速筋線維 (FG 線維)

　速筋線維である FG 線維は，遅筋線維に比較して太く，発揮できる力は大きい（解糖系の酵素活性が高い）が，疲労しやすく，支配する運動神経の細胞体が大きく，発揮する筋力の増加※とともに速筋線維が動員される。したがって，瞬発的に力を発揮する場合には，速筋線維が優先的に動員されると考えられている。また，FG 線維では解糖系の酵素活性が高い。

※筋力の増加
筋力の発揮は，筋力発揮に際して動員される運動単位の増加や発火（活動）の同期化，中枢性の抑減少などによって調節される。

3-3-2. 筋線維タイプとスポーツ競技の特性

　これらの筋線維タイプとスポーツ競技の特性との関係については，筋生検（biopsy）により，検証可能である。各種の運動やスポーツで主に使う筋肉における各筋線維タイプが占める割合は，そのスポーツ種目の運動特性の影響を受けており，瞬発的な力発揮を要する種目（短距離や跳躍種目，投擲種目など）の選手では，速筋線維（FG fiber, Type IIb fiber）の割合が高く，持久的な能力を必要とする種目（長距離種目など）の選手では，遅筋線維（SO fiber, Type I fiber）の割合が高いとされる。また，サッカーやバスケットボールなどの球技系の選手では，中間的な筋線維（FOG fiber, Type IIa fiber）の割合が高くなる傾向があるとされている。

3-4. 骨格筋の適応変化

3-4-1. 筋力の発揮と運動への適応

　筋力の発揮は，神経からの指令による筋の収縮状態によって調節されている。発揮される筋力の大きさは，①筋の大きさ（横断面積），②関節角度に伴う筋の長さ，③活動する運動単位の数や筋線維タイプ（＝活動する筋線維の数やタイプ），④筋収縮の速さなどによって異なる。

　筋力の発揮は，筋の横断面積にほぼ比例して大きくなり，骨格筋の単位横断面積あたり約 6kg/cm^2 と推定されている。また，最大筋力は，関節可動域の中央付近で発揮されることが多いとされている。このことは関節角度によって発揮される筋力が異なることを示しており，関節角度によって筋の長さが異なることから，筋が最も力を発揮できる長さ（至適長）が存在することを示している。さらに，筋力のコントロールは，動員される運動単位の数と筋線維タイプで調節されている（グレーディング）。すなわち，小さい力発揮では，動員される運動単位は少なく，徐々に力発揮が大きくなるのにしたがって，動員される運動単位も増えていく。動員される筋線維タイプは，力発揮が大きくなるのに伴い，SO（Type I）fiber → FOG（Type IIa）fiber → FG（Type IIb）fiber の順で活動する（図 3-5）。

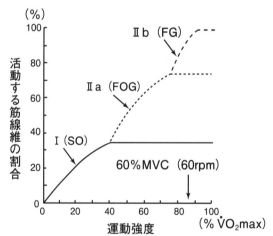

出典）Sale DG.:Influence of exercise and training on motor unit activation.,Exerc Sport Sci Rev. 15, 95-151, 1987 より引用改変

図 3-5　運動強度と動員される筋線維タイプ

　さらに，関節を動かす速度（角速度）を一定にして筋力を発揮させる等速性の筋力測定器では，設定された角速度に応じて，刻々と変化する関節角度で発揮される最大筋力を測定できる。この測定結果から，発揮される筋力が関節角度によって異なることや，最大筋力を発揮できる関節角度が

あることが確かめられている。また，角速度が遅い方が高い筋力を発揮できることから，筋の収縮速度が遅い方が，大きな力を発揮しやすいといえる。

3-4-2. 筋の収縮様式と筋力発揮

　筋の収縮様式は筋の長さと関節角度の変化によって，①短縮性収縮，②等尺性収縮※，③伸張性収縮に分けられる。発揮される力は，短縮性収縮＜等尺性収縮＜伸張性収縮の順で大きくなる（図3-6）。運動やスポーツの場面では，必要に応じたこれらの収縮様式が合目的的※に生じている。

※筋力の示し方
等尺性収縮は，最大随意筋力（maximum voluntary contraction: MVC）の測定などでも行われる。また，筋力発揮の程度は，筋間，個人間で比較することができないため，MVC に対する割合で示されることが多い。

※合目的的
運動や動作の目的に合うようにという意味

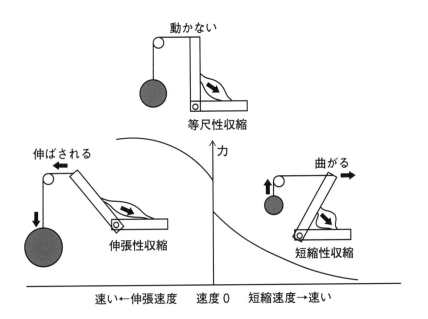

図 3-6　筋の収縮様式と力の発揮

　短縮性収縮（図3-6右）は，筋肉に一定の負荷や抵抗がかかっており，筋肉は収縮に伴い短縮し関節角度が変化する動的収縮である。また，筋の収縮力以上の負荷や抵抗がかかった場合には，筋は収縮し力を発揮してはいるが関節角度の変化は生じず，筋の長さも変化しない等尺性収縮（図3-6中）となる（静的収縮）。

　さらに，筋が収縮し発揮する力以上の負荷で引き延ばされてしまうような状態を伸張性収縮（図3-6左）という。伸張性収縮は，筋損傷を顕著に引き起こすことから，筋肉痛や筋損傷からの回復過程の検証を行う際の負荷方法と用いられることもある。

> **コラム：筋電図と筋活動量の評価**
>
> 　運動中の筋の活動状態は，筋電図を記録することで推測できる。筋電図は，運動単位レベルでの活動をとらえる針筋電図法や，深層筋（インナーマッスル）の活動を記録するワイヤー筋電図法，また，表層筋の活動を記録でき，運動生理学やスポーツバイオメカニクスなどでよく用いられ表面筋電図法などがある。しかし，筋の活動量は，その筋の活動状態を示しているのみで，筋と筋あるいは，同じ筋でも個人と個人との比較は難しい。そこで，最大随意収縮（MVC）時の筋電図を記録し，MVC時の筋放電量を100%とした時の各運動時に活動する筋放電量を筋活動量（%MVC）として評価することが多い。

3-5. 筋力トレーニングとその効果

3-5-1. 筋力トレーニングとは

　骨格筋は，様々な刺激に適応する高い可塑性を有する組織である。すなわち，適度な刺激は筋の機能を向上させるが，この刺激となるのが運動やトレーニングである。特に，筋力トレーニングの目的は，筋の肥大や筋力，筋パワー，筋持久力などの向上であり，それぞれの目的に合った負荷量や方法での筋力発揮（収縮と弛緩）や運動動作を繰り返すことによって達成される。

3-5-2. トレーニングの原理と原則

　筋力トレーニングの負荷方法には，重量物（自体重を含む），空気圧，油圧による抵抗などのほか，電気的に制御された抵抗（等速性トレーニング装置）などがある。筋力トレーニングの効果は，負荷方法や強度，時間，回数，頻度などによって異なるため，目的に合った方法で行う必要がある。効果的なトレーニングのためには，日常生活でうける以上の負荷を課すオーバーロード（過負荷）の原理，トレーニングを止めると体が元に戻ってしまうが，再開すれば効果を得られることを指す可逆性の原理，トレーニングの内容や方法に応じて効果が異なる特異性の原理を考慮する必要がある。その他にも，漸次，負荷を増加させていく漸進性の原則，全身のバランスを考えたトレーニングの必要性を示す全面性の原則，個人の特徴や背景を考慮することを示す個別性の原則，目的や効果，動きや部位を意識する意識性の原則などに沿って行うことが望ましい。

3-5-3. トレーニングの種類と方法

　筋力トレーニングは筋の収縮様式や負荷の方法によって，等尺性トレーニング，等張性トレーニング，等速性トレーニングなどに分類することができる。

　等尺性トレーニングは，アイソメトリック・トレーニング（アイソメトリックス）ともいわれ，「両手を合わせて，押し合う」などのように関節の動きを伴わず，等尺性収縮での筋力発揮状態を保つ方法である。簡単・安全で，筋力の向上や筋の肥大も認められるが，関節の動きを伴わないことからスポーツ活動への応用範囲は狭いとされている。

　等張性トレーニングは，バーベルのほか空気圧や油圧などの抵抗に対して，各種動作に応じた筋力を動的に発揮させる方法である。代表的な種目は，ベンチプレス，スクワット，デッドリフト（筋力トレーニング種目の「Big 3」といわれる）であり，その最大挙上重量は筋力評価の指標となる。また，このトレーニングには，バーベルやダンベル，トレーニングマシンなど専用の器具が必要ではあるが，各種負荷重量での最大反復回数（repetition maximum: RM）をもとに負荷を設定し，スポーツ種目の特性や個人のレベルに合ったトレーニングが可能で，筋力向上には非常に効果的である。

　等速性のトレーニングでは，専用の高価な負荷装置が必要であるが，関節の運動速度（角速度）を一定にして，その角速度に応じて随時発揮される最大筋力を，関節の全可動域にわたって発揮させることができる。つまり，この負荷装置によるトレーニングでは，筋の収縮速度や関節角度によって変化する筋力に応じた最大負荷がかけられることから，リハビリテーションにもよく用いられる。

　さらに，急激な筋への伸張刺激と反射による素早い筋収縮（伸張－収縮サイクル：stretch-shortening cycle: SSC）を利用して，瞬発的に発揮される筋力を高めようとするのが，プライオメトリック・トレーニング（プライオメトリックス）である。これは，筋の弾性エネルギーと伸張反射を用いて，運動単位の動員数を増加させることにより，瞬時に高いパワーを発揮させようよとするものである。例えば，ドロップ・ジャンプなどでは，台から飛び降りてジャンプする時の足の接地時間をより短くするよう意識することが重要であるとされている。

3-5-4. 筋力トレーニングの効果

　筋力トレーニングによる筋への刺激は，収縮による機械的刺激，収縮に伴う血管圧迫による筋血流量の阻害から生じる低酸素状態や，収縮と弛緩の繰り返しによる虚血・再還流様の現象，さらに筋線維の損傷と再生過程で生じる化学的刺激などがあり，これらの刺激が筋の適応と機能的発達を

生じさせる要因となる。さらに，トレーニングの内容や負荷の程度によっ
て動員される筋線維のタイプが異なることから，高強度の筋力トレーニン
グでは速筋線維の肥大が引き起こされるなど，筋の適応には特異性がある
ことが知られている。したがって，目的に合わせてトレーニングの種類や
方法，強度，頻度を選択する必要があるといえる。

3-5-5. 筋力と筋肥大

　オーバーロードの原則に従い，筋力トレーニングを開始後約1ヶ月には，
比較的大きな筋力の増加が認められる。このトレーニングの初期段階で認
められる筋力の増加は，神経系の適応であり，筋の肥大（横断面積の増
加）は，ほとんど認められない。この時期の筋力の増加は，運動時や筋力
発揮時に活動する運動単位（筋線維）が増えることによるものである（図
3-7）。

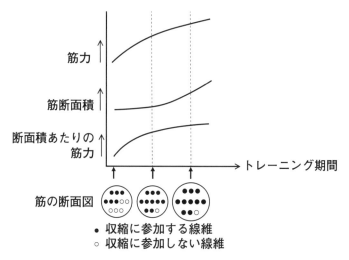

図 3-7　筋力トレーニング効果の現れ方

　神経系の適応に続いて，筋肥大が生じてくる。この時期の筋力トレーニ
ングは，タンパク合成を促進するホルモン分泌（成長ホルモンなど）を促し，
個々の筋線維の肥大によって筋全体を肥大とともに筋力を増加させ，筋の
機能を向上させる（図3-7）。

　また，極端に肥大した筋肉や，損傷と修復が繰り返し生じた筋では，枝
分れした筋線維や筋線維の増加が認められ，筋衛星細胞の分裂・融合によ
る関与が示されているほか，収縮に関わらない結合組織や水分の増加が認
められる場合もあるとされている。

3-5-6. 筋パワーや筋持久力の向上

　筋パワーの増大には，筋力の発揮とその速度，すなわちトレーニング種

目を行うときの負荷の大きさと動作の速さとを考慮する必要がある。パワーを高めるトレーニングでは，比較的強い負荷（最大負荷量の50〜70%）で，動作をすばやく行うことが効果的であるとされている。また，比較的軽度の負荷（最大負荷量の30〜50%）で，動作をすばやく反復することによって，筋収縮の効率化と神経—筋協調能力の改善，エネルギー貯蔵量の増加などが生じるとされている。

　さらに，筋持久力の向上には，筋血流量の増加や毛細血管網の発達，乳酸の発生抑制と有酸素系エネルギー供給機構の改善，筋グリコーゲン量やミオグロビン量の増加などをもたらすようなトレーニングを行う必要がある。すなわち，弱い負荷量（最大負荷量の約30%）で疲労困憊まで運動を繰り返すなど，高頻度で長時間のトレーニング行うことが有効であるとされている。

3-5-7. 筋の萎縮

　ギブス固定などにより運動が制限された場合や老化によって，筋は萎縮し，機能が低下する。萎縮した筋では，個々の筋線維が萎縮し細くなるが，特に速筋線維の萎縮が顕著である。さらに，老化による筋の萎縮では，筋線維数の減少や遅筋線維の占める割合が増える傾向にあり，結合組織の増加も認められる。

> **コラム：アスリートの遺伝子解析**
>
> 　近年ではトップアスリートの遺伝子解析が進み，どのような運動に優れた素質をもつのかを明らかにできるようになってきている。すなわち，遺伝子解析により，その人に合ったスポーツやトレーニングの仕方などが判明する。しかし，それは同時にその人の限界をも示すことになり，スポーツの選択が制限されることや，極端な差別化が進むことも懸念されている。

確認問題

問1　筋の神経支配について正しいのはどれか。2つ選べ。

a. 1本の運動神経は，1本の筋線維だけを支配する。

b. 神経配比の大きな運動単位は，大きな運動に向いている。

c. 大声を出すと，神経細胞の興奮を高めて大きな筋収縮力を発揮できることがある。

d. 運動神経の1回の興奮に対して，筋収縮は数回生じる。

e. 筋収縮では，刺激間隔が短くても，なめらかな張力は発揮できない。

問2　筋線維の種類とその特徴について誤っているのはどれか。

a. 筋力トレーニングによるFT線維の肥大率は，ST線維に比べて低い。

b. 筋線維組成には遺伝的要素が強く影響している。

c. 筋線維タイプの割合は，筋生検と組織化学的検索によって検証できる。

d. 速筋（FT）線維と比べて，遅筋（ST）線維は，収縮速度は遅いが疲労しにくいという特徴をもっている。

e. 速筋（FT）線維は，発揮できる力が大きく，疲労しやすい。

問3　筋力発揮について正しいのはどれか。2つ選べ。

a. 最大随意収縮で発揮される筋力は，伸張性収縮より短縮性収縮で大きい。

b. 筋収縮様式には，「等尺性収縮」と「等速性収縮」の2種類しかない。

c. 筋力トレーニングの初期には，発揮に参加する筋線維数が増え，最大随意筋力が増加する。

d. 神経と筋の連動による筋収縮の一連のシステムを興奮収縮連関とよぶ。

e. 大きな力をゆっくり発揮させる方が，パワーを高めようとするトレーニングでは効果的である。

参考文献

1) 春日規克，竹倉宏明（編著）：運動生理学の基礎と発展, 改訂版，フリースペース，2010.

2) 北川薫：運動とスポーツの生理学，市村出版，2012.

3) 桑名俊一，荒田昌子（編著）：生理学，理工図書，2016.

4) 桑名俊一，荒田晶子（編著）：新版生理学，理工図書，2019.

5) 須田和裕（編）：はじめて学ぶ健康・スポーツ科学シリーズ 生理学，化学同人，2015.

6) 村岡功（編著）：スポーツ指導者に必要な生理学と運動生理学の知識，市村出版，2013.

7) Sale DG.:Influence of exercise and training on motor unit activation., Exerc Sport Sci Rev. 15, 95-151, 1987.

第4章
運動と神経系

概要

　私たちは視覚や聴覚，皮膚感覚など様々な外部刺激を無意識的，または意識的に知覚し，それらの感覚情報を認知・判断した後，目的に応じた反応・行動を実行する。このような日常生活動作やスポーツ活動に重要な役割を演じているのが神経系である。この章では，神経細胞のはたらきや骨格筋との関連性について理解する。また，情報処理を行う中枢神経系と情報の入出力を担う末梢神経系の機能，自律神経系の主なはたらきについて学び，反射や随意運動のメカニズムについて理解する。さらに，長期トレーニングに伴うスキルの獲得（運動学習）や中枢神経系の適応変化について学ぶ。

4-1. 神経の生理学

4-1-1. 神経細胞の構造

　神経細胞（ニューロン：neuron）は，複雑に分岐する樹状突起をもち，核の存在する細胞体と細胞体から1本長く伸びる軸索で構成されている（図4-1）。軸索は，神経線維ともよばれ，髄鞘に覆われている有髄神経と髄鞘に覆われていない無髄神経がある。軸索は神経終末に近いところで枝分かれし，その先端は他の神経細胞の細胞体あるいは樹状突起と接続している。神経終末が他の神経細胞と接続している部分をシナプス（synapse）という。有髄神経の軸索には，約1mm間隔にランビエ絞輪という切れ目がある。

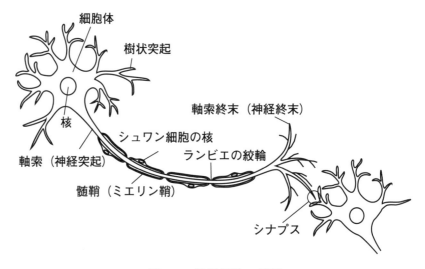

図4-1　神経細胞の構造

4-1-2. 静止膜電位と膜電位の変化

　神経の特徴の1つは，興奮を起こす興奮性細胞であり，神経細胞の興奮とは，電気信号（インパルス）を発生することである。神経細胞は，細胞膜の外側がプラス（＋）で内側がマイナス（－）に荷電している。興奮が起こっていない状態では，約－70mVに保たれており，静止膜電位とよばれる（図4-2(A)）。この細胞内外の電位差は膜電位とよび，細胞内外のイオン濃度の違いによって生じており，ナトリウムイオン（Na⁺）が細胞内に流入すると膜電位の変化が生じる（図4-2(B)）。

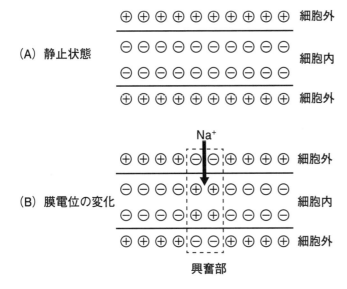

図 4-2　静止膜電位と膜電位の変化

4-1-3. 活動電位

　静止膜電位から急激に＋に変化する現象を活動電位（action potential）という。神経細胞や筋細胞が興奮を起こすときは，興奮する部位の膜電位が，静止膜電位（－70mV）から＋30mVへと急激に変化し，しかもその後，速やかにもとの静止膜電位のレベルまで戻る（図4-3）。

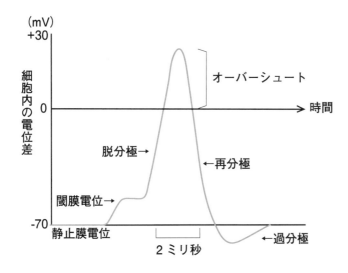

図 4-3　活動電位と膜電位変化

　膜電位が，静止膜電位から0mVの方向に変化することを脱分極（depolarization）といい，＋になることをオーバーシュートという。一方，膜電

位がもとの静止膜電位へ戻る過程を再分極（repolarization）という。神経細胞では再分極の際，いったん静止膜電位より−の方向に進んでから静止膜電位に戻る（過分極：hyperpolarization）。一方，筋細胞では過分極が起こらず，徐々に静止膜電位に戻る。

　脱分極が起きたときの膜電位を閾膜電位といい，閾膜電位を生じさせる強さの刺激を閾刺激という。活動電位の場合，閾刺激の強さよりも低い刺激では膜電位変化は起こらないが，閾刺激以上の強い刺激を加えても閾膜電位と同じ大きさの反応しか起きない場合，この反応は，全か無の法則（all or none law）に従うという。また，神経細胞や筋細胞が活動電位を発生すると，閾刺激を与えてもしばらくの間は活動電位が発生しないが，この期間を不応期（refractory period）という。

4-1-4. 活動電位とイオン透過性

　活動電位とイオン透過性に着目すると，脱分極の際は，Na$^+$チャネルが開き，Na$^+$が細胞内に入ることで細胞内が＋，細胞外が−に荷電し，膜電位が逆転する。しかし，Na$^+$の上昇は，1ミリ秒以内に終わり，その後はカリウムイオン（K$^+$）の膜透過性の上昇が起こり，K$^+$チャネルが開いて細胞内のK$^+$が細胞外に流出し，膜電位は急激に静止膜電位に戻る（図4-4）。

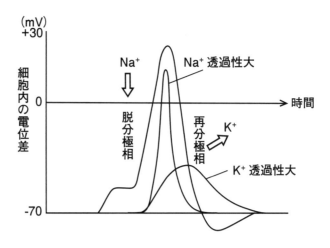

図4-4　活動電位とイオンの透過性

4-1-5. 興奮の伝導

　神経細胞に興奮（活動電位）が発生するときは，細胞の一部に生じた活動電位が軸索に沿って伝播する（興奮の伝導）。神経細胞の膜の1カ所に活動電位が生じると，その部分とすぐ隣の両側の静止部に局所電流が流れ，両隣に活動電位を引き起こし，興奮は両方向に伝わっていく（両側性伝導）（図4-5（A））。

　また，1本の神経線維が興奮しても，その興奮が隣の神経線維に乗り移ることはない（絶縁性伝導）。

　髄鞘は，電気的絶縁性が高く，髄鞘部位では活動電位は発生しないため，有髄神経では軸索が露出しているランビエ絞輪でのみ活動電位が生じ，興奮は絞輪部から次の絞輪部へと飛び飛びに起こる（跳躍伝導）（図4-5（B））。したがって，有髄神経は同じ太さの無髄神経よりも興奮の伝導速度が速い。さらに，軸索の直径が太い神経線維ほど伝導速度が速くなり，有髄神経の跳躍伝導では，伝導速度は軸索の直径に比例する（図4-6）。

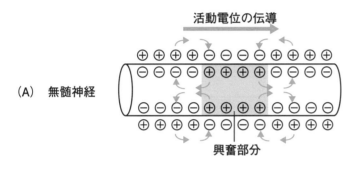

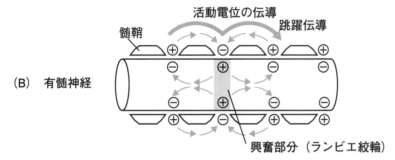

図 4-5　無髄神経と有髄神経の興奮の伝導

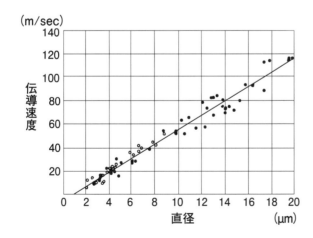

出典）真島英信，生理学，p90，図 4-25，文光堂，2016 より引用改変

図 4-6　ネコの有髄神経伝導速度と直径の関係

4-1-6. 神経細胞間の興奮の伝達

　他の神経細胞への興奮の伝達は，軸索の神経終末から次の神経細胞の樹状突起や細胞体へなされる。興奮を送る側の神経細胞をシナプス前細胞，興奮を受ける側の神経細胞をシナプス後細胞という。神経終末まで到達した活動電位（興奮）は，次の神経細胞に直接伝えられるわけではなく，化学伝達物質を介して興奮が伝達される。

　シナプスには化学伝達物質を膜で包み込んだシナプス小胞が含まれており，シナプスに興奮が伝わるとシナプス小胞の中の化学伝達物質が，約20nm のシナプス間隙へ放出される。化学伝達物質は，シナプス後細胞にある受容体に結合するとイオン透過性が変化し，シナプス後細胞に活動電位が発生する（図4-7）。つまり，神経細胞内は，活動電位による電気的伝達であるのに対して，シナプスは，化学伝達物質による化学的シナプス伝達である。

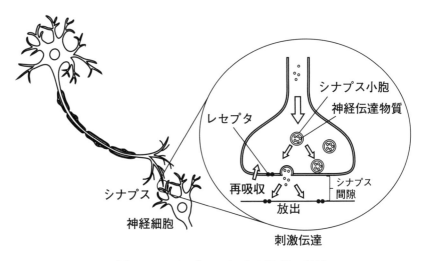

図 4-7　シナプスにおける興奮の伝達

4-1-7. 神経筋接合部

　神経細胞と筋細胞（筋線維）との接合部は，神経筋接合部（neuromuscular junction）とよばれ，シナプスと同様の構造と機能をもつ（図4-8）。シナプス前細胞に相当する運動神経線維は，シナプス後細胞に相当する筋線維の表面に延びており，シナプス小胞が含まれている。シナプス小胞の中には，化学伝達物質であるアセチルコリンが含まれている。

　運動神経終末に面する筋線維の膜は運動終板（end plate）とよばれ，終板の膜にはアセチルコリン受容体が密に存在する。運動神経線維と終板の間には，シナプス間隙がある。運動神経線維の軸索は筋細胞に近づくにつれて枝分かれし，それぞれが別の筋細胞と神経筋接合部をつくっている。

　活動電位が運動神経終末に到達すると，アセチルコリンが放出され，終板のアセチルコリン受容体に結合し，終板電位が発生する。終板電位は筋細胞の活動電位となり，筋収縮の引き金となる。

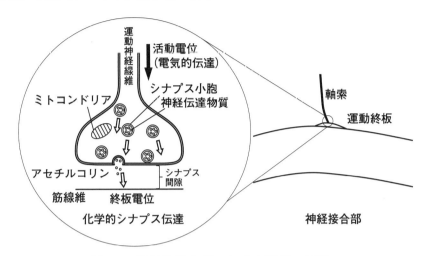

図 4-8　神経筋接合部における興奮の伝達

4-1-8. 神経系の分類

　神経系は，情報処理を行う中枢神経系（central nervous system）と情報の入出力を担う末梢神経系（peripheral nervous system）に大別される（図4-9）。

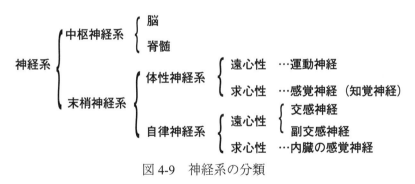

図 4-9　神経系の分類

　中枢神経系は脳（brain）と脊髄（spinal cord）からなり，解剖学的に灰白質と白質に分類できる。灰白質は神経細胞の細胞体の集合体であり，白質は軸索（神経線維）の集合体である。大脳では皮質表面に灰白質があり，皮質下の深部に白質がある。一方，脊髄では灰白質は中心部にあり，白質はその周辺に存在する。

　末梢神経系は，中枢神経系から発して体のほとんどあらゆる部分に達している興奮伝導路であり，体性神経系（somatic nervous system）と自律神経系（autonomic nervous system）に分類される（図4-10）。また，感覚受

容器の入力信号を脊髄や脳に伝達する神経を求心性神経（afferent nerve），脊髄や脳からの出力信号を効果器に伝達する神経を遠心性神経（efferent nerve）とよぶ。

　体性神経系は，視覚や聴覚，皮膚感覚などの感覚情報を脊髄や脳に伝達する感覚神経（知覚神経）（sensory nerve）と運動指令を骨格筋に伝える運動神経（motor nerve）からなる。体性神経系の遠心性神経は運動神経であり，骨格筋を支配して運動機能を調節する。体性神経系の求心性神経は感覚神経であり，光や音などの情報を中枢に伝える。

　自律神経系の遠心性神経は，交感神経と副交感神経があり，心筋や内臓の平滑筋，分泌腺を調節する。自律神経系の求心性神経は，内臓からの情報を中枢に伝える。

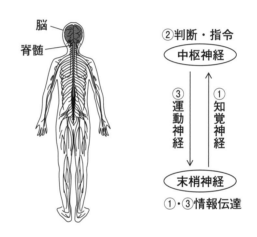

図 4-10　中枢神経系と末梢神経系

4-1-9. 反射と随意運動

　神経系における感覚の受容と反応は多くの場合，反射（reflex）とよばれる形式をとる。反射とは，網膜や皮膚などの感覚受容器からの求心性の感覚情報が脊髄に入力され，そこで出力信号に変換されて遠心性の運動情報を効果器である骨格筋に伝える反応のことである。つまり，反射とは，脳を介さず無意識的になされ，主に動物の個体維持と種族保存の基本的活動を推進するためのものである。一方，人が展開する適応的・創造的な行動の大部分は，入力された感覚情報が，大脳皮質で意識的に情報処理されて出力された随意運動（voluntary movement）である（図 4-11）。

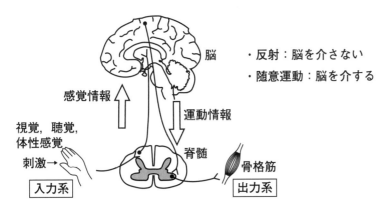

図 4-11　受容（求心性）と反応（遠心性）の経路

4-2. 感覚系

4-2-1. 感覚情報の受容と情報処理

　感覚神経は，体の内外の環境から得た情報を大脳皮質や皮質下の中枢に送り，本能行動や適切な随意運動の発現に貢献している。環境の変化を最初に検知するのは，感覚器（受容器）であり，圧や光，音，においなどの刺激情報を電気信号（インパルス）に変換する役割をもっている。発生したインパルスは，神経細胞のシナプスを経由する過程で処理されて大脳皮質の特定の領野に達し，その情報に特有な感覚と認知を引き起こす（図4-12）。

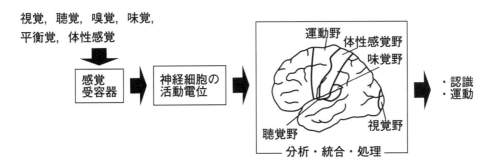

図 4-12　刺激の受容と情報処理

4-2-2. 大脳の機能局在

　大脳皮質は，それぞれ異なる機能とその担当領域が存在する（大脳の機能局在）（図4-13）。運動系は前頭葉，皮膚や筋，関節などの体性感覚は頭頂葉，視覚は後頭葉，聴覚は側頭葉で処理される。

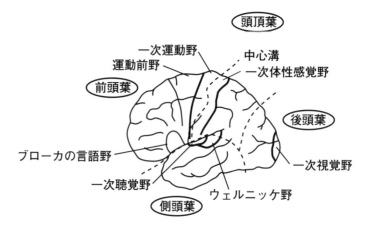

図 4-13　大脳の機能局在

4-2-3. 視覚

　光を受容することによって生じる感覚が視覚である。視覚情報は，網膜から視床を経由して大脳皮質の後頭葉にある一次視覚野に至る（図 4-14 (A)）。右半分の視野は両目の網膜の左半分に投影され，左半分の視野は両目の網膜の右半分に投影されて視神経を伝わり，下垂体の上部で交叉し（視交叉），左視野の情報は大脳の右半球に，右視野の情報は左半球に伝達される（図 4-14(B)）。

　一次視覚野の情報は，二次視覚野，より高次の視覚連合野へと連絡し，形，色，運動など情報の種類ごとに別の経路で並列的に処理される。しかし，私たちがみているのは，1 つのまとまった世界であり，どのようにして形態視，色覚，運動視などの視覚情報が統合されているのかは，未だ明らかにされていない。

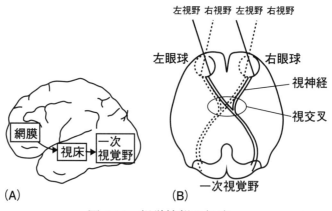

図 4-14　視覚情報の伝達

4-2-4. 聴覚

　聴覚の受容器は耳であり，外耳，中耳，内耳からなる。外界の音波は外耳道を通り，鼓膜を振動させ，耳小骨が動き，前庭窓に伝わり，外リンパ

を振動させる。この振動によって蝸牛に活動電位が発生し，前庭神経と蝸牛神経（内耳神経）を介して視床を経由し，大脳皮質の一次聴覚野に達する（図 4-15）。

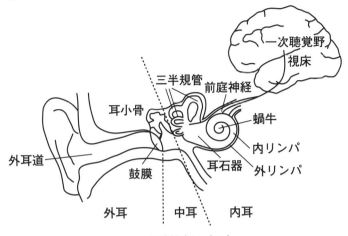

図 4-15　聴覚情報の伝達

4-2-5. 平衡感覚

　平衡感覚の受容器は，前半規管，後半規管，外側半規管の 3 つの半規管（三半規管）と 2 つの耳石器（卵形嚢，球形嚢）であり，両者を合わせて前庭器官という（図 4-16）。

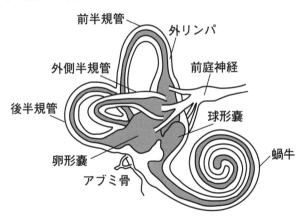

出典）桑名俊一ら，新版生理学，p119，図 4.24（A），理工図書，2019 から引用改変
図 4-16　平衡感覚

　三半規管は角加速度の受容器であり，頭部の回転運動を検出する。三半規管は内リンパで満たされており，頭が動くとリンパも動き，その流れの速さや方向が電気刺激となり，前庭神経を介して脳幹と小脳に伝達される。耳石器は直線加速度の受容器であり，頭部の直線運動と重力（垂直）方向に対する傾きを検出する。前庭器官により検出された頭部の位置や動きに関する情報は，視覚や体性感覚情報と統合され，空間における身体情報の

感覚を生じる。

　前庭器官からの信号は，身体の平衡や眼球運動の調節などに重要な役割を果たしており，その大部分は反射的に行われる。前庭反射は，何らかの外力を受け，頭部が動いたときに内耳にある前庭器官がその加速度を感知し，反射的に四肢の筋緊張を変化させ，姿勢を維持しようとする基本的な反応である。

4-2-6. 体性感覚

　体性感覚とは，皮膚感覚（触・圧覚，温覚，冷覚，痛覚）と筋，腱など身体の深部で感じる深部感覚の総称である。体性感覚情報は，視床を介して大脳皮質の頭頂葉にある一次体性感覚野へ入力される。

　深部感覚は，身体の位置や運動，身体に加えられた抵抗や重量を感じるもので固有感覚ともいう。固有感覚は，自らの運動によって深部の固有受容器である関節受容器，筋紡錘，ゴルジ腱器官（腱受容器）が興奮することで検知する。特に，筋紡錘と腱受容器は筋線維のセンサーの役目をしており，筋線維が伸展すると筋紡錘が興奮し，筋線維が過度に収縮すると腱受容器が興奮する（図 4-17）。

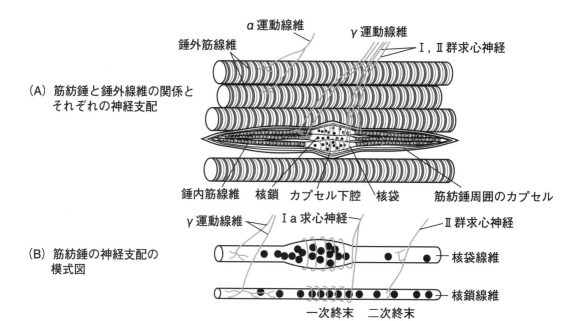

出典）桑名俊一ら，新版生理学，p96，図 4.9，理工図書，2019 から引用改変

図 4-17　筋紡錘とその神経支配

(1) 筋紡錘

　筋紡錘（錘内筋線維）は，全長 6～8mm の細長い紡錘形をしており，その両端は並行する錘外筋線維（筋線維）に付着し，細い運動神経線維（γ運動線維）と感覚線維は太い Ia 群線維と細いⅡ群線維によって支配される（図 4-17）。

　筋紡錘は，筋の長さとそれが変化する速さを検出する受容器であり，筋紡錘からの求心性情報は脊髄において反射を生じさせるとともに脳幹，小脳，大脳に送られて高次の運動調節に関与する。筋紡錘で検知した情報は，感覚線維を介して脊髄の運動線維の起始細胞に到達する。脊髄内にあるγ運動線維の起始細胞をγ運動ニューロンといい，筋線維を支配する運動神経線維（α運動線維）の起始細胞をα運動ニューロンという。γ運動線維の伝導速度は，15～40m/sec であり，α運動線維の伝導速度（70～100m/sec）よりもはるかに遅い（表 4-1）。

表 4-1　神経線維の種類とその特徴

出典）木村淳ら，神経伝導検査と筋電図を学ぶ人のために，p14，表 2-1，医学書院，2003 より改変

髄鞘の有無	神経線維の分類	直径（μm）	伝達速度（m/sec）	主な機能
有髄	α線維（Ia，Ib）	12-21	70-100	運動，筋固有運動
有髄	Ⅱ線維	6-12	40-70	触覚，運動覚など
有髄	γ線維	4-8	15-40	触覚，圧覚，筋紡錘など
無髄	C線維	0.2-1.0	0.2-2	痛覚，嗅覚など

(2) 腱受容器（腱紡錘，ゴルジ腱器官）

　筋が収縮すると，錘外筋線維と並列にある筋紡錘から中枢へ向かう求心性インパルスの発火頻度は減少するが，錘外筋線維と直列にある腱受容器の発火頻度は増大する。腱受容器は，筋と腱の移行部に存在し，長さが500～1,200μm，直径が100～200μm の器官であり，感覚神経の Ib 群線維によって支配される。

4-3. 自律系

4-3-1. 自律機能と自律神経系

　生体にとって最も基本的な呼吸，循環，消化，代謝，分泌，体温調節，排泄などの機能は自律機能とよばれる。自律機能の大部分は自律神経系に支配され，平滑筋，心筋，分泌腺などの内臓機能の調節，体温，内分泌機能調節に関与する。体性神経系が意識的・随意的な調節を受けるのに対して，自律神経系は無意識的・不随意的な調節を受け，生体の恒常性（ホメ

オスタシス)の維持にも重要な役割を果たす。体性神経系の遠心性神経は，シナプスを介さず骨格筋に接続する（神経筋接合部）。一方，自律神経系の遠心性神経は，自律神経節でシナプスを介して効果器へ情報伝達が行われる（図 4-18）。

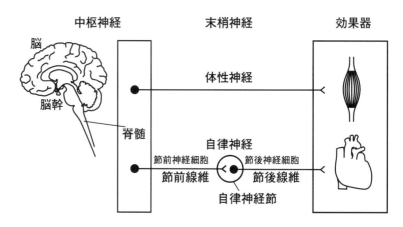

図 4-18　自律神経の節前神経細胞と節後神経細胞

4-3-2. 脳神経と脊髄神経

　自律神経の神経細胞は脳神経と脊髄神経に存在し，脳神経と脊髄神経内に細胞体をもつものを節前神経細胞，自律神経節内に細胞体をもつものを節後神経細胞といい，その軸索はそれぞれ節前線維と節後線維という。節前神経細胞が出力する脊髄と脳幹は，自律神経系の第一次中枢であり，さらに上位の高次中枢は視床下部（hypothalamus）である。

　脳神経は 12 対の末梢神経であり，[Ⅰ] 嗅神経，[Ⅱ] 視神経，[Ⅲ] 動眼神経，[Ⅳ] 滑車神経，[Ⅴ] 三叉神経，[Ⅵ] 外転神経，[Ⅶ] 顔面神経，[Ⅷ] 内耳神経，[Ⅸ] 舌咽神経，[Ⅹ] 迷走神経，[Ⅺ] 副神経，[Ⅻ] 舌下神経からなる（図 4-19）。表 4-2 に脳神経の主な作用を示す。

　脊髄神経は，頸髄から発する 8 対の頸神経，胸髄から発する 12 対の胸神経，腰髄から発する 5 対の腰神経，仙髄から発する 5 対の仙骨神経，尾髄から発する 1 対の尾骨神経から成り，合計 31 対ある（図 4-20）。

　脊髄への情報の伝達は，神経根を経由して行われる。神経根には後根と前根があり，皮膚や筋，関節などからの感覚線維は後根を通り脊髄に入力し，運動線維は前根を通り出力する。前根と後根は合流して 1 本の脊髄神経となり脊柱を出たら前枝と後枝に分かれる。このような，感覚線維が脊髄の後根から入力し，運動線維が脊髄の前根から出力することをベル－マジャンディの法則という（図 4-21）。

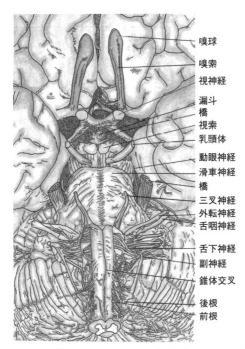

嗅球
嗅索
視神経
漏斗
橋
視索
乳頭体
動眼神経
滑車神経
橋
三叉神経
外転神経
舌咽神経
舌下神経
副神経
錐体交叉
後根
前根

出典）澤田和彦ら，解剖学，p184，図 10.14A，理工図書，2016 より引用改変

図 4-19　脳神経

表 4-2　脳神経の分類

出典）桑名俊一ら，新版生理学，p50，表 3.1，理工図書，2019 より引用改変

	神経線維の機能		
	体性遠心性線維	体性・内臓求心性線維	副交感神経
Ⅰ 嗅神経		嗅覚	
Ⅱ 視神経		視覚	
Ⅲ 動眼神経	眼球運動		瞳孔の収縮
Ⅳ 滑車神経	眼球運動		
Ⅴ 三叉神経	咀嚼運動	顔面・口腔の感覚	
Ⅵ 外転神経	眼球運動		
Ⅶ 顔面神経	表情筋の収縮	味覚（舌前 2/3）	唾液分泌（舌下腺，顎下腺），涙腺，鼻腺からの分泌
Ⅷ 内耳神経		聴覚・平衡感覚	
Ⅸ 舌咽神経	咽頭筋の収縮	頸動脈洞・頸動脈小体の感覚，中耳の感覚，舌・咽頭の感覚，味覚（舌後 1/3）	唾液分泌（耳下腺）
Ⅹ 迷走神経	嚥下運動，声帯の運動	胸部・腹部内臓の感覚，味覚（喉頭蓋）	胸部・腹部臓器の運動，消化液の分泌
Ⅺ 副神経	頸部と背部の運動		
Ⅻ 舌下神経	舌の運動		

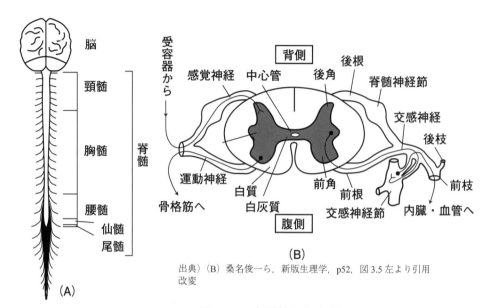

出典）（B）桑名俊一ら，新版生理学，p52，図3.5左より引用
改変

図 4-20　脊髄神経と脊髄

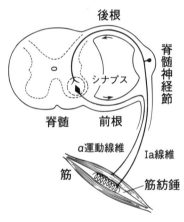

出典）真島英信，生理学，p121，図6-3，文光堂，2016より引用改変

図 4-21　脊髄への神経線維の入出力

4-3-3. 交感神経系と副交感神経系

　自律神経系は，交感神経系（sympathetic nervous system）と副交感神経
系（parasympathetic nervous system）の2つの系がある。交感神経も副交感
神経も遠心性神経の軸索は，効果器を支配する前にシナプスを経由する。
交感神経は自律神経節の中にシナプスが存在するため，交感神経では節後
線維が節前線維より長い。一方，副交感神経の自律神経節は，支配する効
果器内に存在することが多い。したがって，副交感神経では，節後線維が
節前線維より短い。

　胸髄と腰髄から出力する自律神経は交感神経であり，脳幹と仙髄から出
力する自律神経は，副交感神経である（図4-22）。

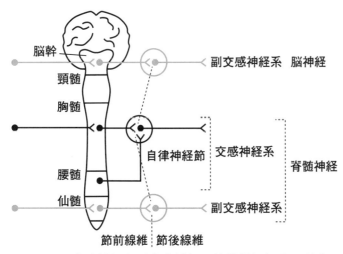

図 4-22　交感神経と副交感神経の節前神経細胞の所在

4-3-4. アセチルコリンとノルアドレナリン

　アセチルコリンとノルアドレナリンは，自律神経の化学伝達物質である。すべての自律神経節の節前線維からはアセチルコリンが放出され，節後線維の細胞体に作用する。交感神経の節後線維からは，一般的にノルアドレナリンが放出され，副交感神経の節後線維からは，アセチルコリンが放出される（図 4-23）。例外として汗腺については，アセチルコリンが放出される。

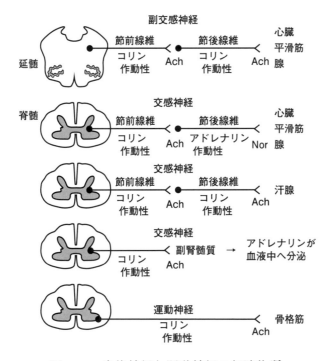

図 4-23　自律神経と運動神経の伝達物質

　　表4-3は，自律神経系の主な作用を示す。これらの化学伝達物質は，効果器に様々な作用，状態の変化を生じさせる。

表 4-3　自律神経系の主な効果器に対する作用

出典）大石実（訳),カラー図解　神経の解剖と生理, p245, メディカル・サイエンス・インターナショナル，2002 より引用改変

効果器		交感神経系	副交感神経
心臓		心拍数増加	心拍数減少
気管（気管支平滑筋）		拡張（弛緩）	収縮
血管	皮膚・粘膜	収縮	効果なし
	冠動脈	収縮	拡張
	骨格筋	拡張	効果なし
消化器（胃・腸）	運動	抑制	促進
	平滑筋	拡張（弛緩）	収縮
	分泌	効果なし	促進
唾液腺		促進（粘液性）	促進（漿液性）
涙腺		効果なし	促進
汗腺		促進	効果なし

4-3-5. 交感神経の緊張（優位）

　　交感神経の緊張（トーヌス：tonus）は，精神的緊張，興奮，困惑，運動などで高くなる。そのため，交感神経の緊張によって生じる生体の反応を闘争か逃走（fight or flight）と総称される。一般的に運動時には交感神経系が亢進し，心臓血管系が促進され，胃や腸など消化器系が抑制される。例えば，100m走のスタートラインで「よーい，ドン」の合図を待っている状態である（図4-24）。

　闘争か逃走

瞳孔の散大
唾液分泌の低下
気管拡張
消化器運動・分泌の低下
骨格筋の血流増加
発汗
心拍数・心筋収縮力・血圧の増加
糖新生・脂肪分解
内臓臓器の血流低下

図 4-24　交感神経亢進時の主な生体反応

4-3-6. 副交感神経の緊張（優位）

　副交感神経の緊張は，心身がのんびりとリラックスした状態をもたらす。例えば，食後に何もすることがなく，ぽんやりテレビをみている状態などである。しかし，心身はリラックスしているが，消化器系は活発にはたらいている。この状態は，休息と消化（rest and digest）と総称される（図4-25）。

休息と消化
縮瞳
唾液分泌の増加
気管収縮・気管分泌の増加
心拍数・心筋収縮力・血圧の低下
グリコーゲン合成・脂肪合成
内臓臓器の血流増加
消化器運動・分泌の亢進

図 4-25　副交感神経亢進時の主な生体反応

4-4. 運動系

4-4-1. 脊髄

　脊髄の3つの重要な機能は，①脳からの情報を骨格筋や効果器に伝えること，②様々な感覚情報を脳へ伝えること，③脊髄反射である。

　脊髄への入力は，脳からの下行性指令と末梢からの感覚入力である。皮膚や筋，関節などの感覚情報は脊髄を上行し，脳に伝えられるとともに脊髄前角の運動細胞（運動ニューロン）に伝えられ，脊髄反射を引き起こす。脊髄は，運動に関係する入出力の統合・調節の場であり，下位レベルの運動中枢として位置づけられる（図4-20参照）。

　脊髄からの出力経路は，運動ニューロン（α運動ニューロン，γ運動ニューロン）の軸索である運動神経線維と脳へ向かう脊髄上行路である。運動ニューロンの軸索は，骨格筋への運動指令を伝えるだけでなく，最終的な運動指令を脊髄にフィードバックする。

4-4-2. α運動ニューロンとγ運動ニューロン

　1つのα運動ニューロンは，通常複数の筋線維を支配しており，それらをまとめて運動単位（motor unit：MU）という（図4-26）。運動単位は，筋収縮の最小機能単位であり，興奮するかしないかの全か無の法則に従う

　反応である。

　　α運動ニューロンが興奮するとα運動線維を介して支配する骨格筋線維を収縮させる。また，同時にγ運動ニューロンも興奮し，γ運動線維を介して支配する錘内筋線維を収縮させる（α−γ連関）（図4-27）。

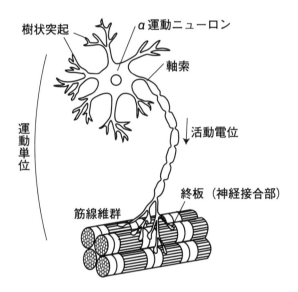

出典）桑名俊一ら，新版生理学，p132，図5.6，理工図書，2019より引用改変

図4-26　運動単位

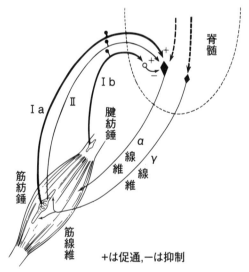

出典）真島英信，生理学，p146，図7-16，文光堂，2016より引用改変

図4-27　α−γ連関

4-4-3. 姿勢反射

　姿勢制御は，発育発達に伴い巧妙になり，少年期以降はほとんど無意識的に行われている。このような姿勢反射の中枢は，脳幹にあり，単純な伸張反射とは異なり，複雑な制御機構になっている。脳幹は，中脳，橋，延髄から構成され，呼吸中枢や心臓中枢など生命維持に関わる重要な中枢が存在する（図4-28）。

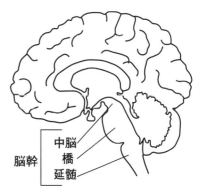

図 4-28　脳幹

　主な姿勢反射には，緊張性頸反射がある。緊張性頸反射は，体幹に対する頭部の位置によって体肢の筋緊張が変化するというものである。この反射には対称性と非対称性があり，対称性緊張性頸反射は頭部が体幹に対して後屈すると上肢は伸筋群の緊張が優位になり，下肢では逆に屈筋群が優位になる。例えば，剣道における両者の正面打突動作において，頭部の後屈に対して上肢の伸展，下肢の屈曲（但し，床を蹴っている左足は反射パターンに合致しない）が観察される（図4-29(A)）。

　一方，頭部が体幹に対して前屈すると，上肢の屈筋群が優位となり，下肢は伸筋群が優位となる。相撲において寄り切っている側に頭部の前屈，上肢の屈曲と下肢の伸展が観察される（図4-29(B)）。

　非対称性緊張性頸反射では，頭部が体幹長軸まわりに回旋した場合，顔の向いた側の体肢では伸筋群の緊張が優位となり，反対側（後頭部側）では逆に屈筋群が優位になる。例えば，野球の野手が左斜めにジャンプしながらボールをキャッチした瞬間では，グラブをもつ左側の上肢と下肢が伸展し，反対側の右側の上下肢は屈曲する（図4-29(C)）。また，フェンシングにおいて，構えから突く場面においても同様の姿勢反射が出現する（図4-29(C)）。

（A）対称性緊張性頸反射（頸部後屈）
　　のパターン

（B）対称性緊張性頸反射（頸部前屈）
　　のパターン

（C）非対称性緊張性頸反射のパターン

出典）西平賀昭ら，運動と高次神経機能，p142，図4-13，杏林書院，2009 より引用改変

図 4-29　随意動作中に発現している姿勢反射のパターン

4-4-4. 運動中枢

　反射と随意運動は，いずれも骨格筋の収縮活動によって実現され，単純な運動であっても多くの筋が関与している。卓越したスキルを獲得するには，それらの運動が関与する筋が協調的にはたらき，適切なタイミングで運動が実行されなければならない。このような巧みな運動の発現には，中枢神経系のはたらきが不可欠であり，これを制御するのが運動中枢である。

　運動中枢は，大脳皮質から脊髄に至るあらゆるレベルに存在し，このうち脊髄と脳幹は反射などの中枢となり，筋や皮膚などの感覚信号と脳からの指令によって運動の発現と調節を行っている。

4-4-5. 大脳皮質の運動関連領野

　随意運動は大脳皮質のはたらきが重要となる。大脳皮質には機能局在（図 4-14 参照）があり，視覚に関わる皮質領野は後頭葉，聴覚に関わる領野は側頭葉，体性感覚に関わる領野は頭頂葉に存在する。

　中心溝から前方にある前頭葉に運動機能に関連する領域がひろがっている。一次運動野は，中心溝の前面側に埋まっており，ブロードマンの 4 野[※]に相当し，運動指令を脊髄に出力している。4 野の前方の運動前野（6 野）があり，その内側面を補足運動野が占めている（図 4-14 参照）。運動前野と補足運動野は，運動の準備や運動の企画などに関与する。

※ブロードマンの 4 野
ドイツのコルビニアン・ブロードマン（Korbinian Brodmann）が大脳皮質を領野ごとに 1 から 52 番まで区分した。一次運動野は 4 野に相当する。

4-4-6. 随意運動は脳がフル稼働する

　目的とする運動を行うとき，脳は自らの状況を正確に理解しなければならず，周囲の状況も刻々と変化するため感覚系を総動員して入力される感覚情報を処理している。次に身体内部の情報を基にして行動の選択を行い，目的を達成するために運動を企画・プログラムし，運動開始のための準備をする。最終的に一次運動野からの運動指令が下行性の運動情報として脊髄の α 運動ニューロンを興奮させ，支配下の骨格筋を収縮させることで運動が出力する（図 4-11 参照）。

4-4-7. 皮質脊髄路（錐体路）

　皮質脊髄路は随意運動の基本的な実行系であり，錐体路（pyramidal tract）ともいう。一次運動野の錐体細胞（Betz 細胞）からの出力情報は脳幹を下行し，延髄の錐体で交叉（錐体交叉）して脊髄に入り，反対側の脊髄前角にある α 運動ニューロンに到達する（図 4-30(A)）。つまり，左半身の骨格筋は右一次運動野に支配され，右半身の骨格筋は左一次運動野に支配される。

4-4-8. 錐体外路

　錐体外路（extrapyramidal tract）は，錐体路以外のすべての中枢神経系の経路である。錐体外路は，運動の開始・停止，ゆっくりとした運動をコントロールしていると考えられている大脳基底核や視床，小脳などが複雑に関与しており，筋の緊張や協調運動を反射的，無意識的に調節している（図 4-30（B））。

　錐体外路の機能は，随意運動を行うときに視覚や聴覚，皮膚や筋などの体性感覚情報を受け，それらの情報に基づいて脊髄の運動ニューロンの興奮性を調節し，感覚情報と運動出力の統合および協調に重要な役割を担っている。これにより，上手に豆をはしでつまむなど繊細な動きが可能となる。随意運動は，脊髄反射および姿勢反射の基礎の上に錐体路および大脳基底核と小脳を含む錐体外路が協調して発現する。

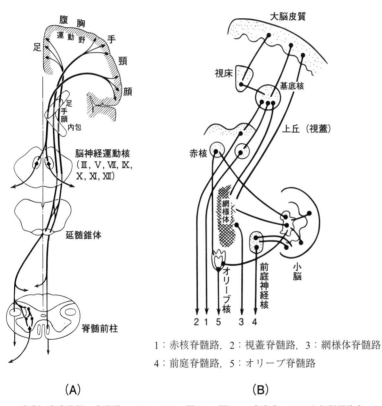

1：赤核脊髄路，　2：視蓋脊髄路，　3：網様体脊髄路
4：前庭脊髄路，　5：オリーブ脊髄路

（A）　　　　　　　　　　　　（B）

出典）真島英信，生理学，p265，p266，図 9-1，図 9-2，文光堂，2016 より引用改変

図 4-30　錐体路と錐体外路

4-5. 運動・トレーニングによる脳・神経系の適応変化

4-5-1. 運動学習によるスキルの獲得

　循環器系や筋・骨格系に運動適応が生じるように長期的な運動トレーニングによって中枢神経系（脳や脊髄レベル）に適応変化が生じることが明らかにされてきている。連続的に時空間的に展開していく器械体操の技，リズミカルにハードルをまたいでいく陸上競技のハードル競技，ボードやリングに触れることなく入れるバスケットボールのスリーポイントシュートなどの熟練した技術（スキル）は，長期の反復トレーニングを通して習得・学習されたものである。

　つまり，これらのスキルは一朝一夕に獲得されたものではなく，長い年月を試行錯誤して作り上げられた運動プログラムによるものである。それは筋・骨格系や運動ニューロンではなく，脳において作成され，記憶されているものであり，運動の記憶は小脳に形成され，学習・記憶の細胞レベルの基礎過程といえるシナプス可塑性（脳の可塑性）※によって獲得されると考えられている（図 4-31）。

※シナプス可塑性
神経細胞と神経細胞の接続部であるシナプスは，情報伝達効率を柔軟に変化させる性質があり，これを可塑性という。記憶や学習の形成過程ではシナプス伝達効率が変化し，長期の記憶や学習ではシナプスの数や機能だけでなく，形態が変化する構造的な変化が生じると考えられている。

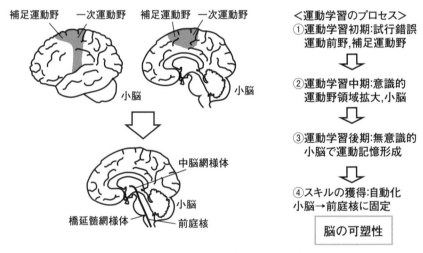

図 4-31　スキルの獲得と脳の活動領域

　新しい技術などを習得する①運動学習初期において，大脳皮質の補足運動野や運動前野が活発に活動するが，この時点では未だ試行錯誤の段階であり，スキルの獲得には至っていない。②頭で考え，意識的にプレーすれば何回かは成功するといった運動学習中期は，その運動に特有の一次運動野領域が拡大し，徐々に小脳にもその範囲が及ぶ。③運動学習後期になると無意識的にできるようになり，小脳に運動記憶が形成される。④スキルの獲得期（自動化）になると，運動記憶が小脳よりもより脊髄に近い前庭

核に固定すると考えられている。このように優れたパフォーマンスは，強靭な筋力や持久力だけでは実現しない。優れた脳の活動があってはじめて人々を感動させるパフォーマンスが可能となる。

4-5-2. トップアスリートの脳は最適な準備ができている

　スポーツ競技者は，一般健常者よりも反応時間が速く，種目別やトレーニングの程度によっても差異があらわれる。トップアスリートと一般健常者との脳の違いは，疲労時や精神的プレッシャーの高い状態において顕著である。一般健常者は，疲労とともに反応時間が遅くなり，誤反応(エラー)率も増加し，パフォーマンスも低下する。

　一方，トップアスリートは疲労時においても反応時間が速く，プレッシャーのかかる緊張した場面でもエラー率が低下し，パフォーマンスが向上する場合もある。このことは，トップアスリートの脳は，常に最適な準備ができていることを示している。このような長期的運動による脳の可塑的変化は，需要の高い脳神経細胞数の増加，シナプスの構造的変化（シナプス可塑性）などによって生じると考えられている（図4-32）。

　シナプス可塑性には，脳由来神経栄養因子（brain-derived neurotrophic factor: BDNF）が関与しており，運動や身体活動によってBDNFの発現が増加すると考えられている。BDNFは，思考や記憶を担う神経細胞の生存・成長・シナプスの機能を向上させ，神経細胞の成長に不可欠な神経栄養因子である。

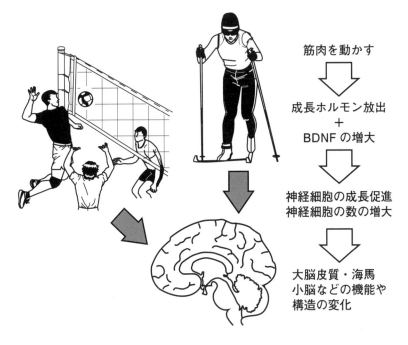

筋肉を動かす

成長ホルモン放出
＋
BDNFの増大

神経細胞の成長促進
神経細胞の数の増大

大脳皮質・海馬
小脳などの機能や
構造の変化

図4-32　長期的運動が脳に及ぼす影響

4-6. 運動と認知機能

4-6-1. 加齢に伴う脳機能の低下

　加齢に伴い大脳皮質下の白質には様々な病変が生じ，これは認知機能の低下と強い関連性が認められている。特に，海馬は学習の記憶を司る部位であり，アルツハイマー病※（アルツハイマー型認知症）患者では，海馬の神経細胞数が著しく減少すること，海馬の障害により認知機能が低下することが知られている。

　認知症の多くは，75 歳以上の後期高齢者である。75 歳以上に限定すると，アルツハイマー型認知症と認知症の予備軍である軽度認知障害（mild cognitive impairment: MCI）※を合わせると 80％になる。認知症の保護因子には，高等教育，服薬管理，健康的な食事や運動，活動的なライフスタイルの確立があげられる。特に，アルツハイマー病の発症と強く関連する因子として運動不足がある。

4-6-2. 動物を対象とした研究

　自発運動が可能なランニングホイールを有する良い環境で飼育されたマウスは，海馬神経細胞の新生や機能が促進することが明らかにされた（図4-33）。また，アルツハイマー病モデルマウスが，豊かな環境下で自発性運動レベルを高く保つことによって病変進行が抑制され，アミロイドβを分解するネプリライシン酵素活性が高まることも報告されている。

※アルツハイマー病
アミロイドβとよばれるタンパク質が脳全体に蓄積し，大脳皮質と記憶を司る海馬が萎縮し，記憶障害など脳機能が低下する。

※軽度認知障害（MCI）
健常者と認知症の中間にあり，認知症予備軍の段階である。MCI は早期に適切な対応を取ることで進行を抑えることが可能であるが，放置すると，5 年で約 40％が認知症へと進行するといわれている。

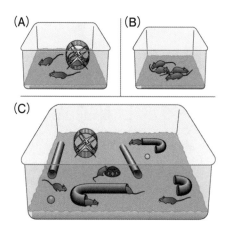

出典）van Praag et al.: Neural consequences of environmental enrichment. Nature Reviews, 1: 191-198, 2000. より引用改変

図 4-33　自発的な運動と良い環境が脳機能を向上させる

　このように様々な環境下で研究が行われたが，その中でもランニングホイールのような運動刺激が最も有効であることが明らかとなった。高齢マウスにおいても運動を活発に行うと，海馬神経細胞の増加が認められたことから，高齢であっても運動によって認知機能の低下が抑制される可能性を示した。さらに，運動によって海馬神経細胞のBDNFの発現が増加すること，シナプスの数の増加や構造と機能が変化するシナプス可塑性が生じることも報告されている。

4-6-3. ヒトを対象とした研究

　ヒトを対象とした研究において，1年間の有酸素性運動（ウォーキング）を実施した運動群が，ストレッチングを実施した対照群と比較して，海馬容積の増大が確認されている（図4-34）。Exercise（ウォーキング）は1年後に海馬容積が2%増加した（$p<0.05$）。一方，Stretching（ストレッチ）は加齢とともに減少した。また，運動によってBDNFの発現が増加し，海馬容積との関連が明らかにされ，認知症予防のための運動療法の重要性が認識されるようになった。

　脳内のBDNFが増加すると，記憶力や認知機能が向上する。BDNFが多いほど認知機能は高く，アルツハイマー型認知症では，脳内BDNFが低下している。軽運動，特に有酸素性運動は高齢者の脳内ストレスが軽減され，健常者やMCIの認知機能を改善する可能性が期待される。海馬機能を維持することは，認知機能維持につながる。

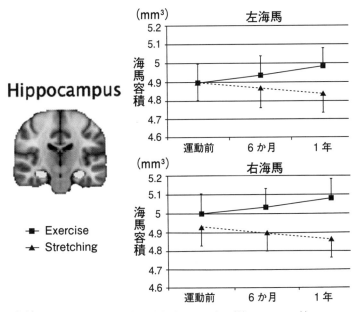

出典）Erickson KI et al.: Exercise training increases size of hippocampus and improves memory. PNAS, 108: 3017-3022, 2011. より引用改変

図4-34　運動介入前後の海馬容積の変化

コラム：脚気_(かっけ)

　膝の下（膝蓋腱）をたたくと下腿が跳ね上がる（膝蓋腱反射）。しかし，反応しない場合は脚気の疑いがある。膝蓋腱反射は，図の①〜④の順に生じる。

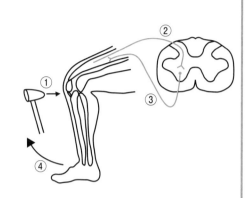

①膝蓋腱をたたくと腱受容器が興奮し，大腿四頭筋が瞬時に伸張されて筋紡錘が興奮する。

②筋紡錘の興奮がＩa線維を介して脊髄後根から脊髄に入力し，シナプスを介して脊髄前角の運動細胞に送られる。

③α運動ニューロンの興奮が脊髄前根からα運動線維を介して大腿四頭筋に送られる。

④大腿四頭筋が収縮し，下腿が跳ね上がる。

　このように伸張された筋が速やかに収縮する反射調節が伸張反射である。脚気は，ビタミンB1不足による手足のしびれ，足のむくみ，全身の倦怠感などの症状がみられる。原因が分からなかった江戸時代には「江戸わずらい」，明治時代には国民病として脚気患者と病死者も多かった。ビタミンB1はピルビン酸からアセチル-CoAに変換される際にはたらく補酵素であるためビタミンB1が不足するとクエン酸回路が十分に機能せず，エネルギー不足となり疲れやすくなる。日頃からビタミンB1を多く含む豚肉，豆類，穀類，ゴマなどを意識して摂取しよう。

確認問題

問1　運動と神経系について，正しいのはどれか。2つ選べ。

a. 反射は，大脳皮質を介した運動である。

b. 左足でボールを蹴る指令は，右側の一次運動野から発せられる。

c. 錐体路は，随意運動の基本的な実行系である。

d. 運動の記憶は，海馬に蓄積される。

e. 感覚線維は脊髄の前根に入力し，運動線維は脊髄の後根から出力する。

問2　神経細胞の構造と機能について，正しいのはどれか。2つ選べ。

a. 神経終末が，他の神経細胞と接続している部分をシナプスという。

b. 神経細胞の膜の1か所に活動電位が生じると，その興奮は両方向に伝導する。

c. 無髄神経の興奮の伝導は，跳躍伝導である。

d. シナプスにおける情報の伝達は，活動電位による電気的伝達である。

e. K^+が細胞内に入ると細胞内が＋，細胞外が－となり，膜電位が逆転する。

問3　自律神経の機能について，誤っているのはどれか。2つ選べ。

a.　自律神経系は，骨格筋を支配している。

b.　脊髄神経の胸髄と腰髄から出力する自律神経は，交感神経である。

c.　自律神経節の節前線維からアセチルコリンが放出される。

d.　交感神経系が亢進すると，心拍数が減少する。

e.　副交感神経系が亢進すると，胃や腸などの運動は促進する。

問4　感覚機能について，正しいのはどれか。2つ選べ。

a.　視覚情報は，網膜から視床を経由して前頭葉にある一次視覚野に入力される。

b.　聴覚情報は，視床を経由せず側頭葉にある一次聴覚野に入力される。

c.　皮膚感覚は，視床を経由して頭頂葉にある一次体性感覚野に入力される。

d.　筋線維が収縮すると，筋線維と並列に付着する腱受容器が興奮する。

e.　筋線維が伸展されると，筋紡錘が興奮する。

参考文献

1）伊藤正夫（監），脳神経科学，三輪書店，2003.

2）大石実（訳）：カラー図解神経の解剖と生理，メディカル・サイエンス・インターナショナル，2002.

3）木村淳，幸原伸夫：神経伝導検査と筋電図を学ぶ人のために，医学書院，2003.

4）桑名俊一，荒田晶子（編著）：新版生理学，理工図書，2019.

5）健康一番，軽度認知障害 MCI は予防できる，vol.11，ベースボール・マガジン社，2018.

6）健康運動指導士養成講習会テキスト（上），（公財）健康・体力づくり事業財団，2014.

7）竹宮隆，石河俊寛（編）：運動適応の科学，杏林書院，2002.

8）西平賀昭，大築立志（編）：運動と高次神経機能，杏林書院，2005.

9）八田有洋：高次脳機能と運動，pp.11-21，スポーツ医学研修会テキスト，日本体力医学会，2018.

10）真島英信：生理学，文光堂，2016.

11）Erickson KI et al.: Exercise training increases size of hippocampus and improves memory. PNAS, 108: 3017-3022, 2011.

12）Lazarov O et al.: Environmental enrichment reduces A beta levels and amyloid deposition in transgenic mice. Cell, 120: 701-703, 2005.

13）van Praag et al.: Neural consequences of environmental enrichment. Nature Reviews, 1: 191-198, 2000.

第5章
運動と呼吸器系

概要

　私たちは呼吸によって酸素を取り入れ，二酸化炭素を呼気ガスとして排出する過程において細胞内小器官のミトコンドリアで生体のエネルギーであるATPを合成することで生きている。日常生活では，睡眠時など無意識的に呼吸を行っているが，深呼吸や潜水時など意識的に呼吸を調節することもできる。この章では，呼吸器系の構造と機能，安静時と運動時の呼吸動態の違いなどについて理解する。さらに，長期運動トレーニングに伴う呼吸器系の適応変化について学ぶ。

5-1. 呼吸の生理学

5-1-1. 呼吸器系の構造と機能

　呼吸器系は，気管，肺，胸郭で構成される。気管は，鼻から肺に至る空気の通り道であり，その粘膜上皮組織には線毛があり，異物の除去と感染防御が行われる。鼻腔は，空気の清浄・加温・加湿の機能を備えており，咽頭にはリンパ組織が集まった咽頭扁桃があり，細菌やウイルスなどの侵入を防ぐ。喉頭は，軟骨で構成され，その上部には飲食物が気管に侵入しないための喉頭蓋がある（図 5-1）。

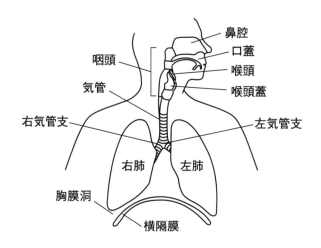

図 5-1　呼吸器系の主な構成器官

（1）気管と気管支

　気管は長さ約 10cm，直径約 1.5cm の約 20 個の U 型の気管軟骨とその背側にある気管平滑筋で構成される。気管内径の調節は，気管平滑筋の収縮によって行われる。気管は，心臓の後ろ付近で左右に分岐し，気管支となる。

　左気管支は，右気管支よりも傾斜が緩やかで太さも細く，2 〜 3cm ほど長い。一方，右気管支は，左気管支よりも太く短く，垂直に近い角度で走行するため気管に落ち込んだ異物が侵入しやすい（図 5-2）。気管支は，肺門から肺に入ってさらに 20 回以上分岐を繰り返し，細気管支となる。細気管支は直径 1mm 以下であり，軟骨は無く，平滑筋が発達しており，その先端には肺胞が多数備わっている。

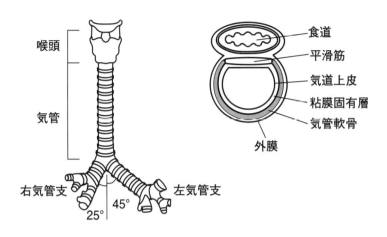

図 5-2　気管の構造

（2）肺胞

　肺胞は，直径 0.1 〜 0.2mm の袋状の構造をしており，毛細血管が取り囲み，ガス交換の場である（図 5-3）。肺胞は，左右の肺で合計約 3 億個あり，肺胞の表面積は約 70m^2 にもなる。

　肺胞を覆う扁平な I 型上皮細胞の厚さは 0.1μm と非常に薄い。肺胞の内面はサーファクタントの液膜で覆われている。サーファクタントは，II 型肺胞上皮細胞より分泌され，界面活性※をもったリン脂質で肺胞の表面張力を低下させて肺胞の形態を維持し，効率の良いガス交換に貢献している。肺胞上皮細胞は基底膜を介して毛細血管内皮細胞と接し，その厚さは 0.3μm と極めて薄く，拡散によるガス交換に適している。また，肺胞内にはマクロファージ（大食細胞）が存在し，侵入してきた異物を処理している（図 5-4）。

※界面活性
界面とは液体や気体などの物質の境界面のことであり，界面に作用して物質を変化させる物質の総称を界面活性剤という。肺サーファクタントには界面活性作用があり，肺胞の表面張力を小さくし，吸気の際に肺胞が広がりやすくしている。

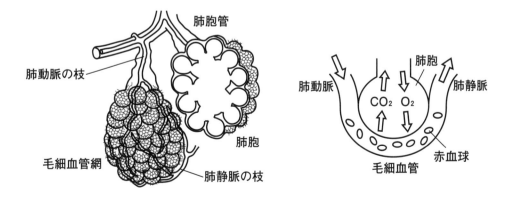

図 5-3　肺胞と肺胞を取り囲む毛細血管網

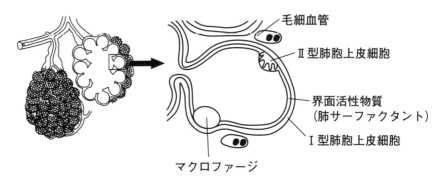

図 5-4 肺胞の組織図

(3) 肺

　肺は左右に2つあり，非対称の臓器である。左肺は上葉と下葉の2葉，右肺は上葉，中葉，下葉の3葉から構成され，左肺は右肺よりも少し小さい（図 5-5）。

(4) 胸郭

　胸郭は，12個の胸椎と12対の肋骨，1個の胸骨から構成され，肺を鎧のように守っている。胸郭の周囲は胸壁で覆われ，その下方は横隔膜があり，胸郭内部は胸腔とよばれる（図 5-6）。

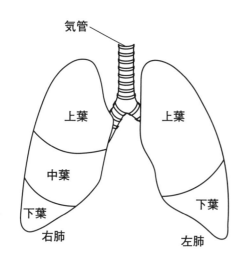

図 5-5 肺の構造

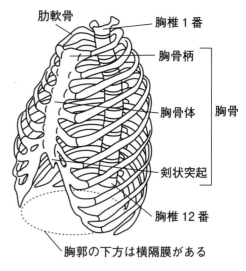

出典）澤田和彦ら，解剖学，p269，図 13.9，理工図書，2016 より引用改変

図 5-6 肺を守る胸郭

5-1-2. 外呼吸と内呼吸

　呼吸とは，外界から体内に酸素（O_2）を取り入れて細胞へ運び，細胞が酸素を消費して代謝を行い，その結果生じた二酸化炭素（CO_2）を体外へ排出する全過程のことである。外界の空気は鼻腔から気管を介して肺胞まで到達し，酸素は血液中に拡散するとともに，血液中の二酸化炭素が呼気ガスとして体外に排出する過程を外呼吸という。

　一方，動脈によって組織に運ばれた酸素は，ミトコンドリアにおいて ATP を合成する過程で消費され，代謝産物として二酸化炭素と水が生ずる。酸素を組織内に拡散させ，二酸化炭素を細胞外の血液（静脈）中に拡散させる過程を内呼吸（組織呼吸）という（図 5-7）。

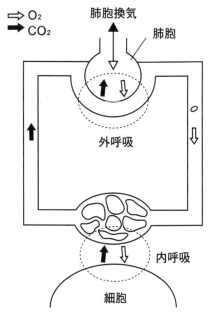

図 5-7　外呼吸と内呼吸

5-1-3. ガス交換

（1）拡散によるガスの移動

　呼吸における酸素と二酸化炭素の移動は拡散によって行われる。拡散は，高い濃度から低い濃度へと濃度勾配にしたがって物質が移動するためエネルギーを必要とせず効率も良い。酸素の大部分は，赤血球のヘモグロビン（Hb）と結合して血液中を運搬される（$Hb_4 + 4O_2 \rightarrow Hb_4O_8$）。

　一方，二酸化炭素の大部分は，炭酸水素イオン（HCO_3^-）となって血液中を運搬される（$CO_2 + H_2O \rightarrow H_2CO_3 \rightarrow HCO_3^- + H^+$）。

（2）肺胞におけるガス交換（外呼吸）

　肺胞の周りを毛細血管が取り巻いており，直接に血液と空気が触れ合うことはなく，極めて薄い壁（血液空気関門）を通して酸素と二酸化炭素が拡散によって移動する。

　外呼吸では，酸素は肺胞から肺動脈の毛細血管へ移動し，二酸化炭素は肺動脈の毛細血管から肺胞内へ移動する。肺中では，炭酸水素イオン（HCO_3^-）は炭酸脱水酵素の作用により速やかに二酸化炭素となって，呼気ガスとして体外へ排出される（$HCO_3^- + H^+ \rightarrow H_2CO_3 \rightarrow CO_2 + H_2O$）（図 5-8）。外呼吸は，循環器系の肺循環（右心室→肺動脈→肺→肺静脈→左心房）との協調によって営まれる。

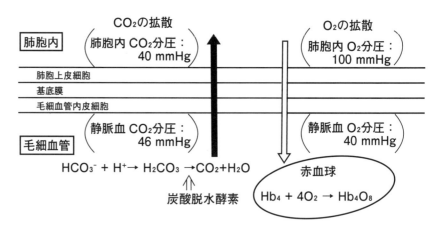

図 5-8 肺胞におけるガス交換（外呼吸）

（3）組織におけるガス交換（内呼吸）

　ガス交換には組織におけるガス交換（毛細血管と組織との間で行われる）もあり，これを内呼吸，または組織呼吸ともいう。

　内呼吸では，動脈血中を運搬される酸素が末梢の毛細血管から組織に取り込まれ，その代わりに代謝活動で生じた二酸化炭素が毛細血管に拡散する。二酸化炭素の大部分が炭酸脱水酵素の作用により HCO_3^- となって静脈血中を運搬され，最終的に心臓に戻る（$CO_2+H_2O \rightarrow H_2CO_3 \rightarrow HCO_3^- +H^+$）（図 5-9）。内呼吸は，循環器系の体循環（左心室→大動脈→組織→大静脈→右心房）との協調によって営まれる。

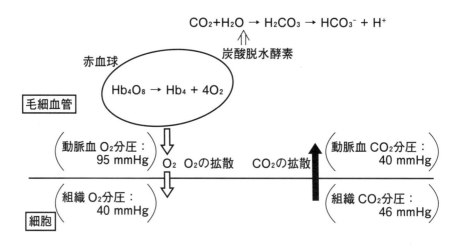

図 5-9 組織におけるガス交換（内呼吸）

5-1-4. 換気
（1）安静時の換気量と呼吸数

　分時換気量（expired minute ventilation: $\dot{V}E$）は，1回換気量と呼吸数によっ

て決まる（$\dot{V}E = 1$ 回換気量 × 呼吸数）。成人の安静時における 1 回換気量は約 500mL，呼吸数は 12 ～ 18 回 / 分であり，分時換気量は約 6 ～ 9L となる。

(2) 肺容量の分画

　吸息，呼息運動に伴う肺容量の変化は，肺容量計（スパイロメーター）を用いて測定する。1 回の呼吸で肺に出入りする空気の量を①1 回換気量とよび，約 500mL である。通常の吸息位からさらに努力して吸入できる吸気量の最大値を②予備吸気量という。通常の呼息位からさらに努力して呼出できる呼気量の最大値を③予備呼気量という。また，最大努力で呼出しても気管や気管支，肺などに空気が残っており，これを④残気量という。上記の①，②，③を加算したものが⑤肺活量（vital capacity: VC）という。予備呼気量と残気量を加えたものを⑥機能的残気量（functional residual capacity: FCR）といい，安静呼息位で肺内に残る空気の量である。肺活量に残気量を加えたものが⑦全肺気量という（図 5-10）。

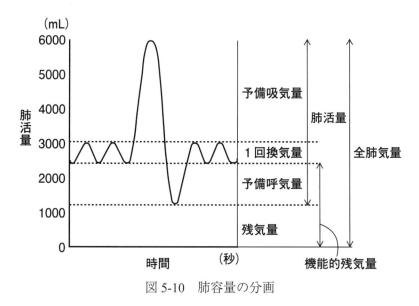

図 5-10　肺容量の分画

　1 回の呼吸で吸入された空気のすべてが肺胞に達するわけではなく，約 150mL が鼻腔や気管，気管支などにたまり，これを死腔量という。つまり，肺胞に到達してガス交換が行われる空気量は，1 回換気量（500mL）から死腔量（150mL）を引いて約 350mL となり，これを肺胞換気量という。1 回換気量の 70％がガス交換に関与する。浅い呼吸では 1 回換気量が減少するが，死腔量は変わらないため，肺胞換気量は減少する。一方，深呼吸など 1 回換気量が増加すると肺胞換気量も増加し，効率の良いガス交換が行われる。

(3) 肺活量と努力肺活量

　肺活量の測定では，大きく息を吸って（最大吸息位）から大きく息を吐く（最大呼息位までゆっくりと呼息する）ことで測定される。一方，最大吸息位から最大呼息位まで一気に呼息することで測定されるのが努力肺活量である（図 5-11）。

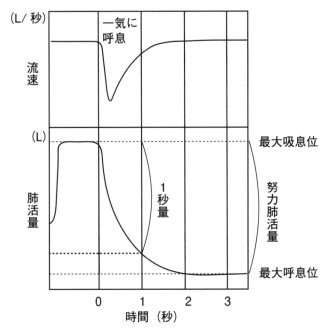

図 5-11　努力肺活量と 1 秒値

　努力肺活量を測定した際，最初の 1 秒間に呼出する気体の量が 1 秒量である。1 秒量の努力肺活量に対する百分率（1 秒量 / 努力肺活量 × 100％）を 1 秒率という。正常レベルは 70％以上であるが，気管支喘息や慢性気管支炎，肺気腫などの閉塞性障害（chronic obstructive pulmonary disease：COPD）では，70％未満に低下する。COPD の主な原因は，喫煙や大気汚染であり，肺の弾性低下と肺胞が破壊されて低酸素血症，高二酸化炭素血症となり，呼吸困難が生じる。

5-1-5. 呼吸運動
(1) 肺は受動的に拡大・縮小する

　呼吸運動は，空気を吸い込む吸息運動と空気を吐き出す呼息運動に分類され，肺の拡大・縮小による肺内空気の交換運動である。しかし，肺自体には拡大・縮小する能力はなく，肺は呼吸筋の収縮と弛緩によって受動的に拡大・縮小する。

（2）吸息運動

　吸息運動に関与する呼吸筋を吸息筋といい，横隔膜と外肋間筋がそれである。横隔膜はドーム状の形をした膜状の骨格筋であり，横隔神経によって支配され，外肋間筋は肋間神経の支配を受ける。一方，呼息運動に関与する呼息筋の代表として内肋間筋がある。

　安静時の吸息運動では，主に横隔膜が収縮して下降し，胸腔を下方に拡げることによって肺が受動的に拡張する。さらに，外肋間筋が収縮することによって肋骨が拳上し，胸腔を前後方向に拡げることで胸腔内圧の陰圧がさらに上昇し，肺が受動的に拡大して肺内に空気が入りやすくなる。

（3）呼息運動

　安静時の呼息運動は，横隔膜と外肋間の弛緩による受動的な運動である（図 5-12）。呼息時には，横隔膜と外肋間筋が弛緩して胸腔と胸郭が元の位置に戻ることで胸腔内圧の陰圧状態が低下する。さらに，肺がもつ自らの内向きの弾性によって肺が受動的に縮小することで肺内の空気が呼気として排出される。したがって，安静時において内肋間筋は，ほとんど関与していないと考えられている。

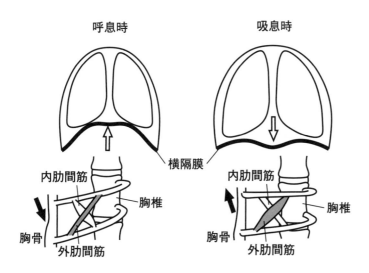

図 5-12　安静呼吸時の呼吸筋のはたらき

（4）胸腔内圧は陰圧

　胸腔内圧は，大気圧に対して常に陰圧（$-2 \sim -4\mathrm{cmH_2O}$）であるため，肺の形状が保たれる。

　図 5-13 のようにゴム膜（横隔膜）を下方に引っ張るとビンの中の容積（胸腔容積）が増加するとともに胸腔内圧の陰圧も増加する（$-6 \sim -7\mathrm{cmH_2O}$）。それによってゴム風船（肺胞）が膨らみ肺胞内圧が大気圧よりも陰圧にな

り，肺胞内に空気が流入する。一方，横隔膜が弛緩して元の位置に戻ると胸腔容積が減少し，胸腔内圧の陰圧も減少するにつれて肺胞内圧が大気圧よりも陽圧となり，肺胞内の空気が呼気ガスとして排出される（図 5-13）。

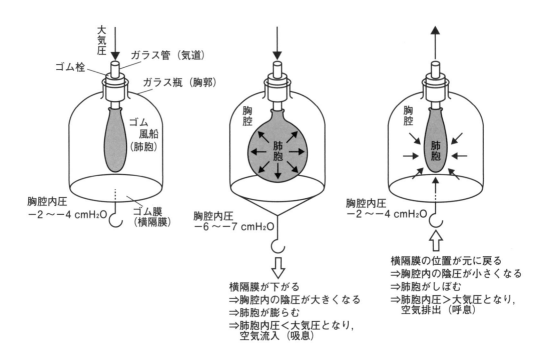

図 5-13　胸腔内圧の変化と肺胞内外への空気の出入り

コラム：一酸化炭素の影響（CO 中毒）

　一酸化炭素（CO）は，無色無臭で毒性が非常に強い。酸素よりも 200 倍強くヘモグロビン（Hb）と結合し，酸素の結合を競合的に阻止する。空気中の CO が酸素（21％）の 1/200 である 0.05％混入すると，Hb の約半分は CO と結合する（COHb）。また，CO が空気中に 0.1％混入すると 2 時間で失神し，死に至ることもある。したがって，ガス機器や石油機器の使用の際には，1 時間おきに部屋の換気が必要である。

5-2. 運動時の呼吸動態

5-2-1. 安静時と運動時の換気量，呼吸数

　呼吸は体内に酸素を取り入れ，二酸化炭素を体外に排出し，恒常性を維持することである。運動を行うと筋活動と代謝に応じた酸素供給を行うた

めに換気量が増加する。運動時には顕著な換気亢進が起こるが，そのメカニズムについては不明な点が多い。

　成人の安静時における1回換気量は約0.5L，呼吸数は12〜18回/分であり，毎分換気量は約6〜9Lとなる。最大運動時には，1回換気量は約3〜4L，呼吸数は60回/分まで増加する。

　運動時の換気亢進には2つの大きな特徴がある。1つは急激な変化ともう1つはゆっくりとした変化である。低強度から中等度強度の運動（固定負荷）では，換気量は運動開始後1秒以内に急激に増加し（Ⅰ相），その後はゆっくりと増加して（Ⅱ相），定常状態に達する（Ⅲ相）。運動終了後は再び急激な変化を示し，安静時の状態に回復する（図5-14）。換気の急激な変化は，神経性機転に由来し，ゆっくりとした変化は体液性機転に由来すると考えられている。神経性機転とは，大脳皮質運動領野から呼吸中枢へのはたらきや末梢の骨格筋や腱などからの求心性入力による反射などである。一方，体液性機転は，筋運動によって生じた代謝産物が血液によって中枢あるいは末梢の化学受容器に作用して呼吸促進を引き起こすというものである。

　運動時には1回換気量と呼吸数はともに増加するが，運動負荷に対する換気量の増加は1回換気量の増加から始まり，その後，呼吸数を増加させて換気量を調節する。

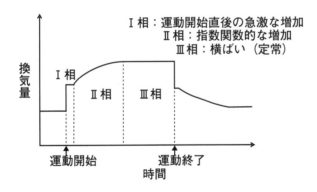

図 5-14　中等度強度運動時の換気量変化

5-2-2. 無酸素性作業閾値

　運動強度の増加に伴い換気量は増加するが，その傾きが急峻となる変曲点は，運動に必要なエネルギーを有酸素性エネルギー供給系のみでまかなうことができなくなり，無酸素性エネルギー供給系が動員され始める時点であると考えられている。この変曲点は，無酸素代謝（嫌気的代謝）が開始する運動強度に相当し，乳酸濃度の増加に伴う代謝性アシドーシス，または換気量の増加が生じる直前の運動強度を無酸素性作業閾値（anaerobic threshold: AT）と定義される。呼気ガスの変化から AT を評価した値を換気性作業閾値（ventilation threshold: VT），血中乳酸濃度の変化から評価した値を乳酸性作業閾値（lactate threshold: LT）という。血中乳酸から AT を求めるとき，乳酸濃度が約 2mmol/L の LT と約 4mmol/L の OBLA（onset of blood lactate accumulation）とに区別することもある（図 5-15）。

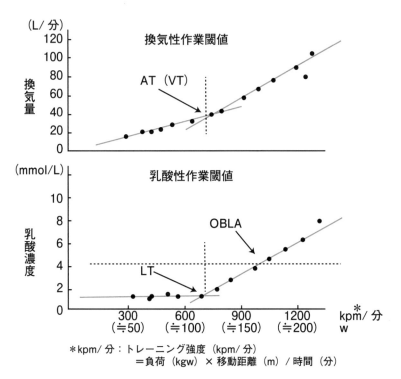

出典）春日規克ら，運動生理学の基礎と発展（3訂版），p97，図表9，フリースペース，2018 より引用改変

図 5-15　無酸素性作業閾値の評価

5-2-3. 酸素摂取量と最大酸素摂取量

　酸素摂取量（oxygen uptake: $\dot{V}O_2$）は，1分間に体内に取り込まれる酸素量を示し，吸気中と呼気中の酸素量の差で求めることができる。また，$\dot{V}O_2$ は心拍出量と心臓から拍出された動脈血の酸素含量と心臓に戻ってきた静脈血の酸素含量の差である動静脈酸素較差の積によって求めることができる（$\dot{V}O_2$ ＝ 心拍出量 × 動静脈酸素較差：フィックの原理）。

　徐々に運動強度を増加させる漸増負荷運動では，運動強度の増加に伴い酸素摂取量が直線的に増加するが，その後さらに運動強度を増加させても増えなくなり（レベリングオフ），最大努力に達して疲労困憊（exhaustion, all-out）に至る。このときの値が最大酸素摂取量（maximum oxygen uptake: $\dot{V}O_2$max）であり（図 5-16），単位時間内に有酸素的代謝過程で生成し得る

エネルギー量の最高値を意味することから，有酸素的最大パワーとして全身性持久能力の指標として用いられている。$\dot{V}O_2max$ は，体格による影響を補正するために体重あたりの値（mL/kg/ 分）で示すこともある。成人男性は約 40mL/kg/ 分，女性は約 33mL/kg/ 分であるが，マラソン選手や距離スキー選手など持久的アスリートでは 80mL/kg/ 分を超えることもある。

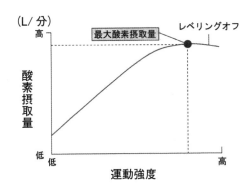

出典）小山勝弘ら，運動生理学，p28，図 3-8，三共出版，2013 より引用改変

図 5-16　運動強度と酸素摂取量

5-2-4. 酸素借と酸素負債

　最大下運動時の定常状態時には，酸素摂取量とその運動に必要とされる酸素量（酸素需要量）はほぼ等しい。しかし，運動を開始すると酸素摂取量は増加するが，必要な酸素量がすぐに供給されるわけでなく，需要と供給の間にズレが生じる。このズレは，クレアチンリン酸や ATP の消耗と呼吸循環系が運動に対して適応するのに時間がかかるためであると考えられている。そしてこの間，解糖系や ATP-CP（ATP-PCr）系などの無酸素性エネルギー供給系により供給不足を補っており，この運動初期における酸素供給の不足分を酸素借（O_2 deficit）という（図 5-17 の濃灰色の部分）。酸素借は運動強度が高くなるにつれて増加するが，最大下運動のとき，運動開始から 2 〜 5 分程度で酸素摂取量と酸素需要量のバランスがとれた定常状態となる。酸素借は，運動に必要なエネルギー量である酸素需要量（酸素摂取量×運動時間）と運動中に測定された酸素摂取量の差によって求めることができる。運動終了直後に酸素摂取量は減少し始めるが，回復期における酸素摂取量は，酸素借を補う以外に運動中に生成された代謝産物などを処理するためのものであり，酸素負債（O_2 debt）という（図 5-17 の斜線の部分）。

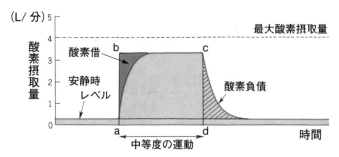

出典）真島英信，生理学，p.351，図 12-49，文光堂，2016 より引用改変

図 5-17　最大下運動時の酸素借と酸素負債の関係

　酸素借と酸素負債の関係は，「酸素借 = 酸素負債」ではなく，酸素借の
返済分に加えて体温上昇やホルモン増加などによる代謝亢進などの要因も
含まれているため，「酸素借 < 酸素負債」となる。有酸素性運動などの定
常運動では酸素需要量の大部分が運動中に摂取されるため酸素負債は少な
い。

　一方，短時間で疲労困憊に至る超最大運動では酸素借が最大となり（図
5-18 の濃灰色の部分），このときの値を最大酸素借とよび，無酸素性エネ
ルギー供給能の指標とされる。また，高強度運動時の酸素負債は運動後の
過剰な酸素摂取量として運動後過剰酸素消費量（excess post-exercise oxy-
gen consumption: EPOC）ともよばれている（図 5-18 の斜線の部分）。

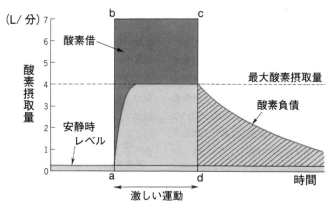

出典）真島英信，生理学，p.351，図 12-49，文光堂，2016 より引用改変

図 5-18　超最大運動時の酸素借と酸素負債の関係

5-2-5. 呼吸商，呼吸交換比

　炭水化物（糖質），脂質（脂肪），タンパク質は三大栄養素であり，それ
ぞれ炭素原子（C），酸素原子（O），水素原子（H）などの構成割合が異
なる。そのため，内呼吸（組織呼吸）でどの栄養素が分解しているかに
よって消費される酸素と産生される二酸化炭素の割合が異なる。つまり，

どの栄養素が消費されているかによって酸素の消費量（摂取量）と二酸化炭素の排泄量の割合が異なる。このように，1分間あたりの生体の二酸化炭素排泄量（$\dot{V}CO_2$）の酸素摂取量（$\dot{V}O_2$）に対する比を呼吸商（respiratory quotient: RQ）という（RQ = $\dot{V}CO_2/\dot{V}O_2$）。

　体内で利用されるのは糖質と脂質が主体であり，タンパク質は通常では利用されない。呼吸商はエネルギー基質により異なり，糖質では 1.0，脂質では 0.7 となる。高強度運動時では血中の乳酸濃度や水素イオン（H^+）が増加するため，pH が低下する（アシドーシス）。恒常性を維持するためにこの状態を緩衝し，H^+ が二酸化炭素に変換されて過剰の二酸化炭素が呼気ガスとして排出される（$H^+ + HCO_3^- \rightleftarrows H_2CO_3 \rightleftarrows CO_2 + H_2O$）。特に，激運動直後の回復時に二酸化炭素が過剰となり，RQ が 1.0 以上となるため，運動時には呼吸交換比（respiratory exchange ratio: R）が用いられる。

　運動時のエネルギー消費量として，酸素摂取量からエネルギー消費量を換算することができ，酸素 1L あたりのエネルギー量は，約 5kcal とされる（酸素 1mL あたり，0.005kcal）。また，運動強度を表す指標のメッツ（metabolic equivalents: METs）は，安静座位時を 1 メッツとし，体重 1kg あたりの酸素摂取量 3.5mL/kg/ 分に相当する（図 5-19）。メッツでは，体重と運動時間が分かると，酸素摂取量を測定することなく，次式でエネルギー消費量を推定することができる。

運動時エネルギー消費量（kcal）[※]
= 1.05 × METs ×運動時間（h）×体重（kg）

出典）厚生労働省ホームページ「健康づくりのための運動指針 2006」
（https://www.mhlw.go.jp/shingi/2006/07/dl/s0719-3c.pdf）より引用改変

図 5-19　1 エクササイズに相当する活発な身体活動

※ 1 エクササイズの運動による体重 1kg あたりの消費カロリー
1 エクササイズ
= 3.5 mL/kg/ 分 × 0.005 kcal/mL × 60 分
= 1.05 kcal/kg

1 エクササイズの運動は，体重 1kg あたり 1.05 kcal のエネルギーを消費する。例えば，体重 50kg の人が軽いジョギング（6 メッツ）を 30 分すると，次式により 157.5kcal 消費する。
1.05 × 6 × 0.5 × 50 = 157.5 kcal

5-2-6. 運動時の呼吸運動

　安静時の呼吸運動は，主に横隔膜と外肋間筋の収縮と弛緩によって行われる（図5-20）。つまり，安静時において内肋間筋は，ほとんど関与していないと考えられている。

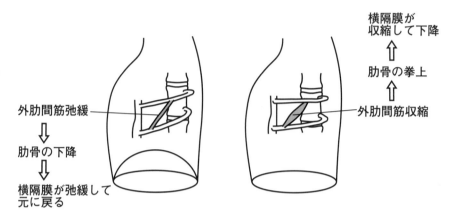

図5-20　安静時の吸息運動（右）と呼息運動（左）

　一方，運動時にはより多くのガス交換が必要となるため，内肋間筋や補助呼吸筋（腹筋群，頸部の胸鎖乳突筋，斜角筋など）（図5-21）を動員し，吸息時には胸郭をさらに拡張させて肺を最大に拡張させ，呼息時には強制的に横隔膜を押し上げて胸郭を縮小させ，積極的な呼吸運動が行われる。

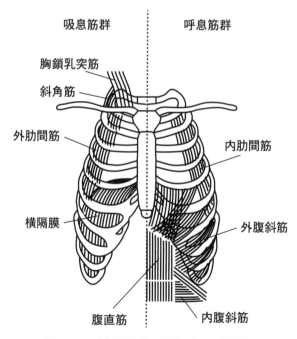

図5-21　呼吸運動に関与する呼吸筋

5-2-7. 安静時の呼吸調節

通常,睡眠中など意識しなくても自動的に呼吸運動が繰り返されている。一方,深呼吸や潜水時の呼吸停止など随意的な呼吸運動もある。呼吸運動は,延髄にある呼吸中枢によって支配されており,吸息中枢と呼息中枢が存在する。橋にある呼吸調節中枢は,吸息中枢に対して周期的抑制をかけて吸息と呼息が繰り返される(図5-22)。

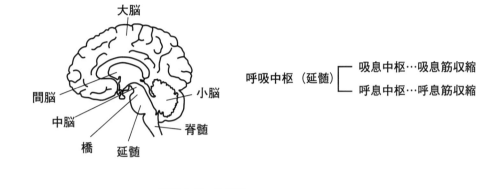

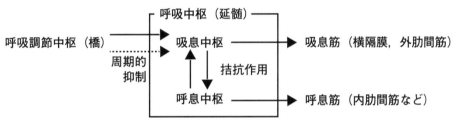

図 5-22　呼吸運動の神経性調節

(1) 反射性調節

①ヘーリング‐ブロイエル反射

肺には伸展受容器が存在し,吸気により肺が伸展されると,求心性の迷走神経を介して脳幹(橋・延髄)にフィードバックされ,吸息中枢が抑制されて反射的に呼息に切り替わる。安静時呼吸においてもこの伸展受容器が作動していると考えられており,この呼吸反射をヘーリング‐ブロイエル反射という。

②化学受容器反射

呼吸に関する末梢化学受容器は,頸動脈小体と大動脈小体に存在し,主に動脈血中の酸素(O_2)濃度をモニターしている。動脈血中の酸素濃度の低下を感知すると,頸動脈小体の情報は求心性の舌咽神経を介して延髄(呼吸中枢)に送られ,大動脈小体の情報は求心性の迷走神経を介して延髄に送られて吸息中枢が興奮し,遠心性の横隔神経と肋間神経を介して呼吸が

　促進される。また，延髄には脳脊髄液の二酸化炭素（CO_2）濃度をモニターする中枢化学受容器（化学感受領野）があり，二酸化炭素濃度が上昇すると呼吸中枢を刺激して呼吸が促進される（図5-23）。

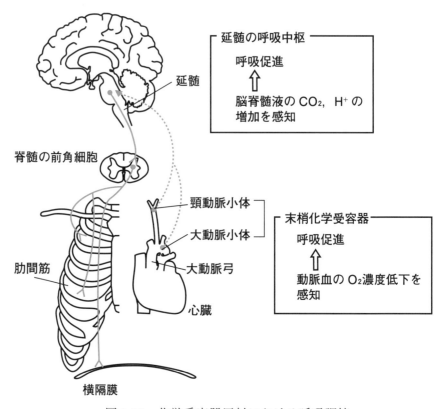

図5-23　化学受容器反射における呼吸調節

5-2-8. 運動時の呼吸調節

　運動時は，肺伸展受容器によるヘーリング–ブロイエル反射や化学受容器反射に加えて，大脳皮質，視床下部などの中枢神経系や活動中の骨格筋，関節などの機械受容器からの神経入力が呼吸調節に関与している。

　大脳皮質からの出力は，セントラルコマンドとよばれ，骨格筋への運動指令が呼吸中枢に放散することによると考えられている。また，骨格筋や関節，筋紡錘，腱などからの求心性インパルスや代謝産物なども呼吸中枢を刺激する。したがって，運動中は複数の化学的あるいは神経性調節の連動，または同時作用によって呼吸調節が行われている（図5-24）。

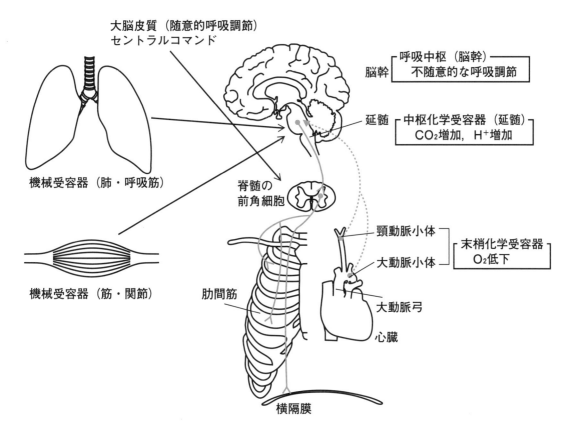

図 5-24　運動時の呼吸調節

5-2-9. 酸素解離曲線

　赤血球のヘモグロビンと酸素との結合強度（酸素親和性）は，S字状の酸素解離曲線によって表される。酸素解離曲線は，血液中の酸素濃度（分圧：mmHg）とヘモグロビンの酸素飽和度（%）との関係を示している（図5-25）。

　肺胞内では，酸素濃度が高く（100mmHg），末梢の組織では酸素濃度が低い（40mmHg）。つまり，酸素の多い動脈血では，ヘモグロビンの酸素飽和度が高く，二酸化炭素の多い静脈血では，ヘモグロビンの酸素飽和度は低い。

　図5-25の①体温上昇，② pH低下（H^+増加），③ CO_2濃度上昇の条件では，ヘモグロビンの酸素飽和度が低下し，ヘモグロビンから酸素が解離しやすい（右方シフト）。また，①〜③の状況は，組織における代謝活動が高まっている状態であり，ヘモグロビンから酸素が離れて組織に拡散（供給）されやすくなることを意味し，合目的的である（ボーア効果）。

　呼吸が促進されると，血中の二酸化炭素濃度が低下してH^+が減少するため，pHは上昇する。一方，呼吸が抑制されると，二酸化炭素濃度が上

昇して H^+ が増加するため，pH が低下する。血中の pH の正常値は，およそ 7.4 であり，pH が 7.4 よりも高い状態がアルカローシス，pH が 7.4 よりも低い状態をアシドーシスとよぶ。

　呼吸機能が低下すると，血中の二酸化炭素濃度が上昇して呼吸性アシドーシスとなる。一方，過呼吸（過換気症候群）では，血中の酸素濃度が上昇し，二酸化炭素濃度が低下するため，呼吸性アルカローシスとなる。

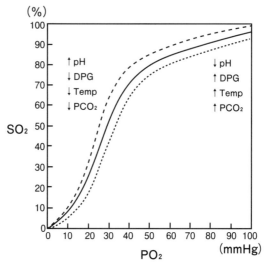

出典）桑名俊一ら，新版生理学，p.253，図 9.15，理工図書，2019 より引用改変

図 5-25　ヘモグロビンの酸素解離曲線

5-3. 呼吸器系の運動適応変化

5-3-1. 無酸素性作業閾値の上昇

　運動強度が高くなるにつれて運動に必要なエネルギーである ATP は，好気的代謝のみではまかなえなくなり，解糖系による嫌気的代謝も動員される。解糖系の動員により血中乳酸濃度と二酸化炭素が増加し，呼吸が促進されて，毎分換気量も増加する。

　運動時の呼吸機能の適応は，長期的なトレーニングによって変化する。長期トレーニングを積んだアスリートは，トレーニングを積んでいない一般人と比較して運動強度の増加に伴う換気亢進と酸素消費量が顕著に大きい（図 5-26）。さらに，アスリートは換気量と酸素消費量の直線関係がみられなくなる点，つまり，運動負荷の増加に伴う変曲点も高い。この変曲点は，無酸素性作業閾値（anaerobic threshold: AT）と定義される。

　AT は，運動強度増加に伴い好気的代謝から嫌気的代謝に移行するときの酸素消費量であり，AT 以上の運動強度では代謝性アシドーシスが呼吸

を促進させると考えられる。トレーニングによって AT が上昇することは，酸素摂取効率を向上させ，より高負荷強度の運動時にも代謝性の変化を緩衝させる効果をもたらすといえる。

　先行研究から LT や OBLA と持久的パフォーマンスには高い相関関係が認められている。長期持久的トレーニングによって LT や OBLA が有意に上昇する（右方シフト）（図 5-27）。このことは，より高い強度の運動まで有酸素性エネルギー供給系からエネルギーを供給できるように適応変化が生じたことを意味する。LT，OBLA が上昇することでマラソンやトライアスロンなどのレース終盤まで糖質（グルコースや筋グリコーゲン）を温存することが可能となり，ラストスパート時に糖質をエネルギーとして活用できるようになる。

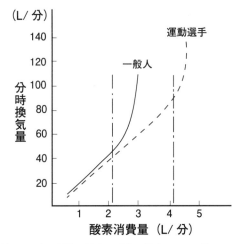

出典）西野卓：環境に対する呼吸の適応，p670，図 10-64(a)，
本郷利憲ら：標準生理学，第 6 版，医学書院，2005 より転載

図 5-26　運動時の酸素消費量と分時換気量

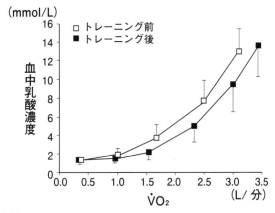

出典）Midgley et al.:Training to enhance the physiological determinants of long-distance running performance.Sports Med, 37: 857-880, 2007. より引用改変

図 5-27　トレーニングによる血中乳酸カーブ

5-3-2. 持久的トレーニングに伴う適応変化

持久的トレーニングによって，$\dot{V}O_2$max が増加することが知られている。それに伴い骨格筋毛細血管数の増加や速筋線維（FT）のサブタイプであるタイプⅡb（FTb）からタイプⅡa（FTa）への移行が生じる。この筋線維タイプの変化によってミトコンドリアの数の増加を伴うことから疲労耐性が高まる。さらに，ミトコンドリアにおける酵素活性が向上し，有酸素的代謝能力も向上する。したがって，持久性能力は酸素摂取（運搬）能力だけでなく，骨格筋組織におけるミトコンドリアの酸化能力に依存するといえる（図5-28）。

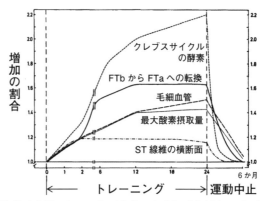

出典）Saltin B et al.:Fiber types and metabolic potentials of skeletal muscles in sedentary man and endurance runners. Ann New York Acad Sci, 301: 3-29, 1977 より引用改変

図5-28 持久的トレーニングによる骨格筋の適応変化

コラム：トレーニングも継続は力なり

長期的な持久的トレーニングによって最大酸素摂取量の増加やミトコンドリア機能の向上など様々なトレーニング効果（運動適応）が得られる。しかし，トレーニングを中止すると，可逆性の原理に従い比較的早期にその効果は消失してしまう。

5-3-3. 高強度間欠的トレーニング

あらゆる種目において，高強度間欠的トレーニング（high-intensity intermittent training）が行われている。単純にインターバルトレーニングともいわれるが，そのもとになったプロトコルが "Tabata protocol" である。1996年に発表された論文では，$\dot{V}O_2$max の170％に相当する超高強度の自転車運動を20秒間行い，10秒間休息を1セットとして，7〜8セット疲労困憊まで実施するといったトレーニングを週4回×6週間行うと，無酸素性パワーを反映する最大酸素借と全身性持久能力を反映する $\dot{V}O_2$max の両方が増加した。つまり，休憩も含めて合計4分間の短時間高強度インター

バルトレーニングによってスピードだけでなく，持久力も向上することが
報告され，適切なインターバルトレーニングは瞬発力と持久力の両方を同
時に強化することが期待できる（図 5-29）。

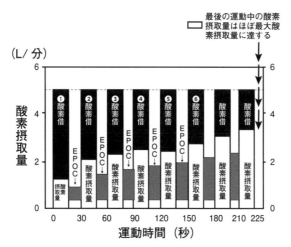

出典）田畑泉：タバタ式トレーニング，p.113，扶桑社，2015 より引用改変

図 5-29　タバタ式トレーニング

確認問題

問 1　呼吸器の機能と構造について，正しいのはどれか。2 つ選べ。

a. 右肺は，左肺よりも少し小さい。

b. 鼻腔を通る空気は，清浄・加温・加湿される。

c. 呼吸における O_2 と CO_2 の移動は，能動輸送によって行われる。

d. 外呼吸では，O_2 は肺胞から毛細血管に移動し，CO_2 は毛細血管から肺胞へ移動する。

e. O_2 の大部分は，アルブミンと結合して血中を運搬される。

問 2　呼吸運動とその調節について，誤っているのはどれか。2 つ選べ。

a. 肺は，自らの力で縮小・拡大する。

b. 吸息時，横隔膜は収縮している。

c. 胸腔の内圧は，大気圧に対して常に陰圧に保たれている。

d. 吸息により肺胞が伸展されると，呼息に切り替わる反射を化学受容器反射という。

e. 動脈血中の O_2 濃度が低下すると，吸息中枢が刺激されて呼吸が促進される。

問 3　運動時の呼吸器系指標について，誤っているのはどれか。2 つ選べ。

a. 運動に伴う換気量増加の傾きが，急峻となる変曲点を VT という。

b. $\dot{V}O_2max$ は，無酸素性パワーの指標である。

c. 運動開始初期の酸素供給の不足分を，酸素借という。

d. 酸素負債は，酸素借よりも大きい。

e. 糖質が多く利用されるときの呼吸商は，約0.7である。

参考文献

1)石河俊寛，竹宮隆（編）：持久力の科学，杏林書院，1994.

2)河田光博，樋口隆：シンプル解剖生理学，pp.154-166，南江堂，2006.

3)桑名俊一，荒田晶子（編著）：生理学，理工図書，2016.

4)小山勝弘，安藤大輔（編著）：運動生理学，三共出版，2013.

5)堺章：目でみるからだのメカニズム，医学書院，2008.

6)竹宮隆，石河利寛（編）：運動適応の科学，杏林書院，1998.

7)田中喜代次，西平賀昭，征矢英昭，大森肇（監訳）：運動生理学大事典，西村書店，2017.

8)田畑泉：タバタ式トレーニング，扶桑社，2015.

9)中里浩一，岡本孝信，須永美歌子：1から学ぶスポーツ生理学，ナップ，2016.

10)冨樫健二（編）：スポーツ生理学，化学同人，2012.

11)本郷利憲，廣重力，豊田順一（監修）：標準生理学，第6版，医学書院，2007.

12)TABATAトレーニング，Sportsmedicine，168: 2-16, 2015.

13)Midgley et al.:Training to enhance the physiological determinants of long-distance running performance.Sports Med, 37: 857-880, 2007.

14)Saltin B et al.:Fiber types metabolic potentials of skeletal muscles in sedentary man and endurance runners, Ann New York Acad Sci, 301: 3-29, 1977.

15)Tabata I et al.: Metabolic profile of high intensity intermittent exercises. Med Sci Sports Exerc, 29: 390-395, 1996.

第6章
運動と循環器系

概要

　循環器系は，栄養素やガスはもちろんホルモンやミネラルあるいは熱などを身体各部位に行き渡らせるさせることにより，恒常性（ホメオスタシス）の維持に大きく貢献している。また，筋や神経が休んでいる間も常にはたらき続け，生命の維持を担っている。さらには，いったん運動を開始，継続すると，循環器系がダイナミックな変化や適応を起こすことにより，我々の身体は運動に適した状態になる。そのようなことから，この循環器系について学ぶことは運動生理学を理解する上で大きな助けになるだろう。

6-1. 循環器系の構造と機能

6-1-1. 概要
(1) 体循環
　心臓から全身に血液を供給し,再び心臓に戻ってくる循環経路は体(大)循環とよばれており, 最も径の大きな大動脈（aorta）から分岐して, 動脈（artery）, 細動脈（arteriole）の順に細くなる血管を通って, 末梢の組織や器官に分布する毛細血管（capillary）に至る。そこで, ガスや栄養素あるいは老廃物の代謝をした後, 静脈を経由して心臓に至る。

(2) 肺循環
　心臓から肺に血液を供給し再び心臓に戻ってくる循環経路は肺(小)循環（図6-5参照）とよばれている。すなわち, 右心室からは肺動脈が伸びており, 全身から戻った血液が肺に運ばれ, 肺胞近傍の毛細血管において二酸化炭素（CO_2）が放出され, 酸素が吸収されることによりガス交換が行われた後, 肺静脈を経由して, 心臓に到達する。したがって, 肺循環においては動脈を通過するのはガス交換前で酸素分圧の低い静脈血であり, 静脈を通過するのはガス交換後で酸素分圧の高い動脈血である。

6-1-2. 心臓
(1) 心臓の位置と構造
　心臓は心筋（横紋筋）でできており, 大きさはその人の握りこぶしぐらいで, 横隔膜の上に位置している。またそれは胸腔内のやや前方で, 胸骨のすぐ後方にあり, 左右はそれぞれの肺に挟まれており, 全体の 2/3 は正中線の左側にある（図6-1）。
　心臓には4つの区画, すなわち上部にある左右の心房, および下部にある左右の心室がある（図6-2）。全身の静脈から戻った血液（静脈還流）は右心房に集められ, 三尖弁を経て右心室に入り, 肺動脈弁から肺動脈に流出して肺循環に至る。肺から戻った血液は左心房から二尖弁（僧帽弁）を経て左心室に入り, 大動脈弁から大動脈に流出して体循環に至る。大動脈起始部からは左右の冠状動脈が分岐し, 心筋に血液を供給している。

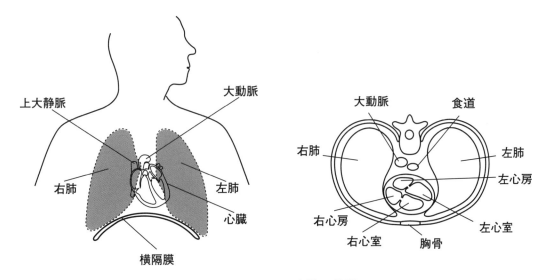

図 6-1　心臓の位置

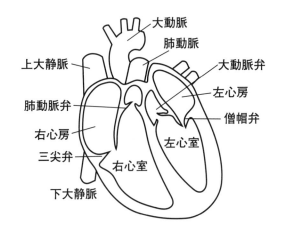

図 6-2　心臓の構造

(2) 心臓の刺激伝導系と心収縮

　心臓は固有の自律神経系を有しており，そこでの活動電位の発生と電気刺激の伝導を通じて独自の拍動機能が持続的に発揮されている。

　右心房の上部には洞房結節があり，それはリズミカルな活動電位を自律的に発生させるペースメーカーの機能がある。発生した活動電位は心房に沿って心房下部の房室結節に伝達し，それにより心房が収縮する。心筋同士は電導性のあるギャップ結合 (gap junction) によりつながっているため，心房の電気的興奮は心筋を通じて伝導する。房室結節に伝わった活動電位はヒス束を経て心室側に至り，心室中隔内で右脚と左脚に分岐して伝導し，プルキンエ線維に至ることにより心室を収縮させる（図 6-3）。

　心房と心室の間はヒス束以外では絶縁されており，互いの活動電位が干

渉することはない。また，房室結節においては活動電位の伝導速度が低下するため，心房の収縮後に心室が収縮するという順位性が保たれ，その結果，心房から心室への血液の移動が円滑に行われる。心室が収縮すると，そこに連なる大動脈や肺動脈に血液が駆出されることにより，心臓のポンプ機能が発揮される。

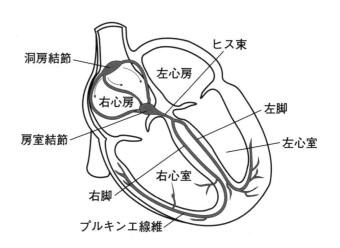

図 6-3　心臓の刺激伝導系

(3) 心電図

　心臓における活動電位の一連の流れを図に示したのが心電図（electro-cardiogram：ECG）であり（図 6-4(A)），その特徴的な波形は P から始まるアルファベットで示される。洞房結節で発生した活動電位が房室結節に至る間に心房が興奮（脱分極）する際に現れるのが小さなドーム状の P 波であり，この発現直後に心房が収縮を起こす。その後にみられる上に尖った QRS の波形は，活動電位が房室結節からヒス束を通り左右の脚からプルキンエ線維に至る際に発現する(図 6-4)。その発現に伴って心室が収縮し，その後心室が回復（再分極）する際に大きなドーム型の T 波が発現する。

(4) 心拍出量

　心室が収縮する度に全身に向かって血液が拍出されるが，1 回の収縮により送り出される血液量を 1 回拍出量（stroke volume：SV）といい，心臓が拍動する頻度を心拍数（heart rate：HR）という。1 回拍出量と心拍数の積（次式）は心臓から全身に向かって拍出させる血液量を示し，それは心拍出量（cardiac output：CO）とよばれている。

心拍出量＝ 1 回拍出量×心拍数

　成人男性が安静にしている場合，1 回拍出量はおよそ 60 〜 80mL であり，心拍数はおよそ 60 〜 80 拍 / 分であるので，心拍出量は 4 〜 6L/ 分程度になる。そのうち，心拍数が 60 拍 / 分を下回る場合を徐脈といい，100 拍 / 分を上回る場合を頻脈という。心拍出量は自律神経（第 4 章「運動と神経系」参照）の影響を受け，交感神経の作用により増大し，副交感神経の作用により減少する。

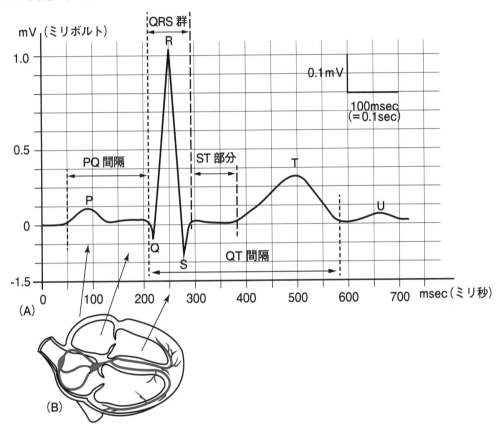

出展）（A）：桑名俊一ら，新版生理学，p209，図 8.6，理工図書，2019 から引用改変

図 6-4　心電図

6-1-3. 血管
(1) 血管の種類と構造
　心臓から末梢に向かって血液を供給している血管が動脈系であり，逆に末梢から心臓に向かって血液を還流している血管が静脈系である（図 6-5）。
　動脈（図 6-6（A））は，血液が通る血管腔から外に向かって順に内膜，中膜，外膜の 3 層構造をしている。内膜は薄い内皮細胞と基底膜でできており，内弾性板を挟んで外側には平滑筋細胞を多く含む中膜がある。その外側には外弾性板と外膜がある。この 2 層の弾性板は弾性線維（エラスチン）

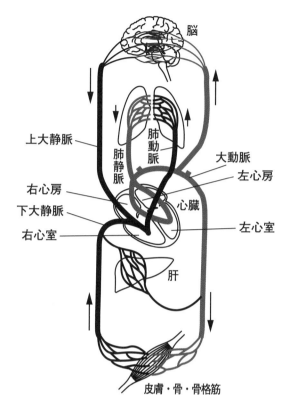

図 6-5　心臓血管系の概略

を多く含んでおり，血管の弾性（拡張して元に戻る性質）を担っている。一番外側の外膜には強度の高い膠原線維（コラーゲン）が多く含まれており，血管の破断を防いでいる。

毛細血管（図 6-6(B)）は内皮と基底膜で構成されている，直径が 5 ～ 10μm の小さく薄い血管である。末梢の組織中にある毛細血管では酸素が筋などの組織中に放出され，CO_2 が血中に吸収されることによりガス交換が行われる（第 5 章「運動と呼吸器系」参照）。また，血管内の栄養素が筋などの組織中に放出され，代謝産物や老廃物が血管内に吸収されるといった物質交換も行われる。

ガスや物質交換を終えた毛細血管が集合を繰り返すことにより，細静脈（venule）が形成される。このように，血液が細動脈から毛細血管を経由して細静脈に至るまでの過程を微小循環とよんでいる。その後，細静脈が集合して静脈（vein）から大静脈（vena cava）が形成され，それにしたがって血管径と血管壁の厚みが増し，やがて右心房に戻る。静脈（図 6-6(C)）の内膜は所々で内腔に折れ曲がることによって弁を形成し，血液が逆流するのを防いでいる。

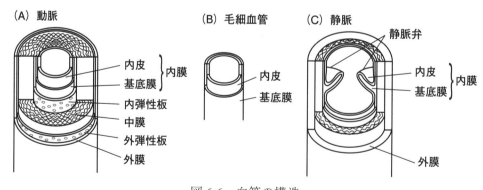

図 6-6　血管の構造
（血管壁を拡大して図示している）

(2) 血圧

　血液が血管を押す圧力を血圧（blood pressure）という。血圧は心筋が収縮して血液が駆出された時に最も高くなり（収縮期血圧または最高血圧），心筋が拡張して心臓に血液が流入している時に最も低くなる（拡張期血圧または最低血圧：表 6-1）。

表 6-1　血圧の基準値

出典）高血圧治療ガイドライン 2019

分類	収縮期血圧		拡張期血圧
正常血圧	<120	かつ	<80
Ⅰ度高血圧	140 〜 159	かつ / または	90 〜 99
Ⅱ度高血圧	160 〜 179	かつ / または	100 〜 109
Ⅲ度高血圧	≧ 180	かつ / または	≧ 110
収縮期高血圧	≧ 140	かつ	<90

　この血圧は心拍出量と末梢血管抵抗の影響を受け，両者の積により規定される（下式）。

$$血圧＝心拍出量×総末梢血管抵抗$$

　末梢血管抵抗は，血液が細動脈を通過し末梢の組織に流入する際に発生する。細動脈は直径が 500μm 以下の細い血管であり，そこから毛細血管が多数分岐している。血管抵抗は血管半径の 4 乗に反比例するが，細動脈は血管径を拡大，縮小して血管抵抗を調節して末梢組織の血流量を加減する機能を有することから，抵抗血管とよばれている。

　収縮期血圧と拡張期血圧の差を脈圧とよび，脈圧の 1/3 を拡張期血圧に加えたものが平均血圧（mean blood pressure：MBP）である。血圧が上昇することにより血行動態は向上するものの，血管壁への負担も増大する。

　細動脈の血管径の変化は自律神経の影響を強く受けている。また，頸動脈洞と大動脈弓にある圧受容器は血圧を感知し，その信号を心臓抑制神経と血管運動中枢に送信し，減圧反射あるいは昇圧反射を起こさせることにより血圧の変動に寄与している。

　血圧の急性の変動はこのような自律神経を介した電気性の反応により調節されている。その一方で，ホルモンや内皮細胞から分泌される血管拡張物質や血管収縮物質，あるいは代謝産物といった液性因子の影響，さらには腎臓による尿量の調整や血管平滑筋の自動調節機構など，血圧に影響する要因は多数ある。

(3) ウィンドケッセル機能

　大動脈やそれに連なる比較的大い中心動脈は弾性に富み，心臓の収縮により発生する大きな圧を緩衝することから弾性動脈とよばれる。心臓の収縮期に心室から血液が駆出されると動脈の内圧は上昇し，その圧に応じて動脈壁は伸展し，駆出された血液のおよそ半分は伸展した動脈内に一時的に貯留される（図6-7）。逆に心臓の拡張期には動脈への血液流出が停止するため，拡張した動脈は元の径に戻ろうとすることにより，動脈内に貯留された血液は末梢方向に押し出される。すなわち，心臓の収縮と拡張に同調して動脈も拡張と復元を繰り返している。この動脈の内圧と弾性の連関はウィンドケッセル機能とよばれている。その機能により，収縮期の血圧上昇が緩和されるとともに，心臓の拍動による断続的な血流が徐々に平滑化される。加齢などにより動脈の硬さ（動脈スティフネス）が増大すると，動脈の伸展性（動脈コンプライアンス）は低減するため，ウィンドケッセル機能は減弱し，それに伴って血圧は上昇すると考えられる。

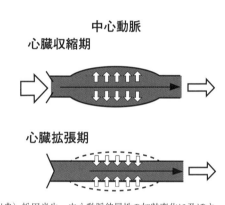

出典）松田光生，中心動脈伸展性の加齢変化に及ぼす
　　　運動の効果，心臓，34，841-849，2002より引用改変

図6-7　ウインドケッセル機能

　動脈の物理的な伸展性は脈波速度（pulse wave velocity：PWV）を用いて評価することが可能である。すなわち，動脈の伸展性が高くウィンドケッセル機能が十分に発揮されると，心臓の拍動の圧と血液を貯留する性能が高まるために，脈が末梢に伝搬する速度は遅くなる。逆に，動脈が硬くなり伸展性が低下すると，貯留できる圧と血液が減少するためにより，早く末梢に向かって伝搬することになる。そのため，硬度が増大した動脈においては脈波速度が増大する。血管の伸展性に大きく寄与する弾性線維のエラスチンは代謝が遅く，加齢に伴って変性するため，動脈脈波速度は加齢に伴って直線的に増大する（図6-8）。

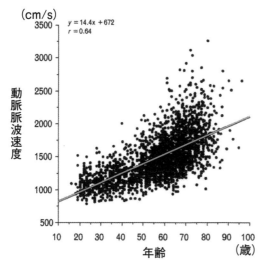

出典）Tanaka et al.,Comparison between carotid-femoral and brachial-ankle pulse wave veloci-ty as measures of arterial stiffness,Journal of hypertens 27,2022-2027,2009 より引用改変

図 6-8　加齢と動脈脈波速度

(4) 骨格筋ポンプと呼吸ポンプと血液循環

　全身の血液を循環させるためには心臓のポンプ機能が最も大きなな役割を担っているが，骨格筋の収縮，弛緩や呼吸による肺の拡張，縮小に伴うポンプ機能により補完されている。

①骨格筋ポンプ

　骨格筋が収縮すると筋は一時的に幅が拡大し，その近傍にある静脈は圧迫を受けて血管内の血液が中枢に向かって押し出される。逆に骨格筋が弛緩すると筋は収縮前の幅に戻り，押し出された血液は静脈弁により逆流が妨げられることにより，末梢側から血液が流入する。この骨格筋の収縮と弛緩が繰り返されることにより静脈還流が促進される作用は骨格筋ポンプ（skeletal muscle pump）とよばれている（図 6-9）。この筋の拡幅によって血管内の血液が搾り出されるメカニズムが「乳搾り」の作用に類似していることから，骨格筋ポンプはミルキングとよばれることもある。特に長時間の座位や立位時においては重力の影

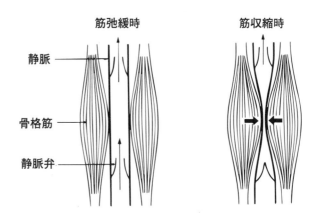

出典）佐藤昭夫ら，自律機能生理学，図 3-8，金芳堂，1995 より引用

図 6-9　骨格筋ポンプ

響により下腿に血液が貯留しやすくなるが，下腿の筋収縮 / 弛緩を繰り返すことにより静脈還流を促進し，血液の貯留を予防・軽減が可能になる。

②呼吸ポンプ

吸気時には肺を拡張させるために横隔膜が降下するが，腹腔はその圧迫を受けて内側が陽圧になる。そのため，腹部にある臓器からの血液流出が亢進するとともに腹部の静脈から胸部の静脈に向かって血流が促進され，静脈の還流量が増大する。また，呼気時には肺を縮小させるために横隔膜が上昇し，腹腔内が陰圧になり，末梢側から腹部の臓器や血管内に血液が流入する。このように骨格筋ポンプと同様に，呼吸の繰り返しにより静脈還流が促進される作用を呼吸ポンプとよんでいる（図 6-10）。

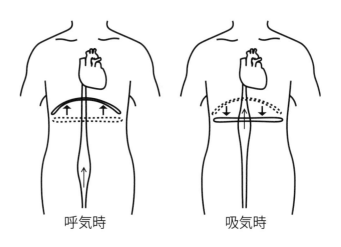

呼気時　　　　　吸気時

図 6-10　呼吸ポンプ

6-2. 心臓血管系の変化と適応

運動の実施に伴って，心臓血管系の形態と機能は様々な一過性の変化（change）を示すとともに，運動を継続実施することによりトレーニング効果としての適応（adaptation）を示す。

6-2-1. 心機能の変化

運動を開始すると動員される筋における酸素需要量がその運動の強度に応じて増大し，それに呼応して心拍出量も増大することにより酸素供給が促進される。最大運動時における心拍出量は，安静時の 4 倍程度に達することが知られている。この心拍出量の増大には，以下に示すようなメカニズムにより，1 回拍出量と心拍数の双方の増大が寄与している。

（1）拍出量の変化

　運動により全身から心臓に戻ってくる血液量（静脈還流量：venous return）が増大すると，心臓の内腔に流入する血液量も増大し，その結果，拡張期における心室の伸展が促進され，心室拡張終期容量（end-diastolic volume：EDV）の増大とともに1回拍出量が増大する（スターリングの心臓の法則：Starling's law of the heart）。この心室内に充満する血液の量と圧の大きさを前負荷（preload）とよんでいる。この前負荷が増すと1回拍出量が増大するとともに心筋が血液を拍出する力も大きくなる。運動中は全身の血流量が増大するが，骨格筋の収縮による骨格筋ポンプ（ミルキング）や呼吸の亢進による呼吸ポンプの機能が向上することにより静脈還流量の増大に寄与している。また，心臓が血液を拍出する際には，そこに連なる動脈の伸展性や末梢血管抵抗の性状により抵抗が生じる（後負荷：afterload）。運動により交感神経が亢進すると心筋の収縮力が向上し，心室収縮終期容量（end-systolic volume：ESV）が減少することにより1回拍出量の増大を促進する。このような機序により，1回拍出量は低強度から中等度の運動において運動強度の上昇とともに増大するものの，心臓容積には限界があるので安静時の1.5倍程度でやがて飽和し，高強度の運動中においては最大値よりもやや低減する可能性が示されている。

（2）心拍数の変化

　心拍数は運動強度の増大に伴って増加する。一定強度の運動を行った場合，運動開始直後から心拍数は増加し始めるが，その運動強度に見合った心拍数に達するまでは3〜5分程度の時間を要する。運動中は自律神経の平衡性が大きく変化するが，中等度までの運動における心拍数の増大は副交感神経の抑制により，中等度からそれ以上の強度の運動においては交感神経の亢進により影響される。

6-2-2. 心拍数に関連する運動強度指標

　心拍数は運動強度の増大に伴って増加し，脈拍などを利用して比較的簡便に測定できることから，運動強度の指標として以下に示す方法がしばしば用いられる（図 6-11）。

（1）カルボーネン法

　最大強度の運動時には心拍数も最大値に達し，それは年齢との相関が高いことから，最大心拍数（heart rate maximum：HRmax）は下式により概ね求められる。

最大心拍数 = 220 − 年齢

　運動をしていない状況の心拍数（安静時心拍数：HRrest）における運動強度を0％とし，最大心拍数を100％とする。この安静時心拍数と最大心拍数との差は心拍予備（heart rate reserve）（図6-11のa）とよばれている。そこで運動強度は，運動中の心拍数（HRexe）と安静時心拍数との差（図6-11のb）を求め，その差が心拍予備に占める割合（図6-11のb/a）を算出することにより求められる。すなわち以上の手順は下式にまとめることができる。

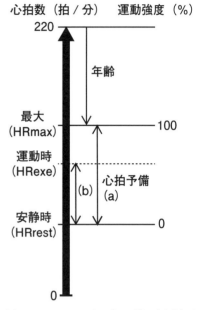

図6-11　カルボーネン法（心拍予備）による運動強度の算出法

$$運動強度（\%）= \frac{（運動時心拍数 − 安静時心拍数）}{（最大心拍数 − 安静時心拍数）} \times 100$$

　この方法により得られた強度は，最大酸素摂取量に対する割合（%$\dot{V}O_2$max）と相関することが示されている。

(2) 自覚的運動強度（rating of perceived exertion：RPE）

　また，主観的な感覚を基準にした運動強度を6から20の整数で表現する方法がBorgにより提案され，広く利用されている。これは主観的運動強度，あるいはボルグスケール（Borg's scale）ともよばれ，その値を10倍した数値が心拍数に近似することが示されている（図6-12）。

自覚的運動強度	最大心拍数(%)	最大酸素摂取量(%)
20	100	100
19　非常にきつい		
18		
17　かなりきつい		
16	92	85
15　きつい	86～91	76～85
14		
13　ややきつい	61～85	51～75
12		
11　楽である	52～66	31～50
10		
9　比較的楽である		
8		
7　かなり楽である		
6		

出典）中里浩一ら，1から学ぶスポーツ生理学，第2版，p91，図6-14，ナップ，2017より引用改変

図6-12　自覚的運動強度

6-2-3. 血流の再配分

　運動の開始とともに血流量は増大するが，その血流配分は安静時のそれとは大きく異なる（図6-13）。すなわち，安静時の血流量は5L/分程度であるが，そのうち骨格筋の血流量はおよそ20％の1L/分程度である。運動強度の上昇に伴って全身の血流量は増大するが，最大運動時における心拍出量は安静時のおよそ5倍に相当する25Lにも増大するとされている。また，骨格筋に配分される割合も80％以上にまで増すため，その血流量は飛躍的に増大し，20Lほどにまで達する。冠状動脈を経由して供給される心臓の血流量は，運動強度の上昇に伴って増大するため，全身の血流量に占める割合に大きな変化はない。脳血流量におよぼす運動強度の影響は軽微で，安静時の血流量が運動時においてもほぼ同様に維持されている。一方，腎や肝など運動への関与が少ない腹部の内臓では，安静時においては骨格筋よりも多く配分されている血流が運動強度の上昇に伴って極端に低減する。

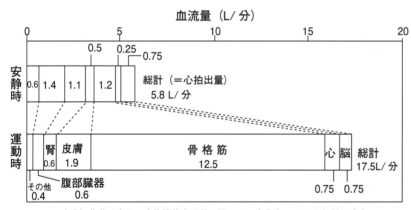

出典）佐藤昭夫ら，自律機能生理学，図3-34，金芳堂，1995より引用改変

図6-13　血流配分の変化

　このような運動による血流のダイナミックな変動は，神経による電気性の因子と分泌液や代謝産物による液性の因子が血管を収縮あるいは拡張させることにより調節されている。その調節をする心臓血管中枢は延髄にあり，血圧や血中成分の情報を受容器から受け取り，交感神経が亢進すると血管は収縮し，副交感神経が収縮すると血管は拡張する（第4章「運動と神経系」参照）。

　運動に動員される活動筋においては，筋収縮に伴う代謝産物（乳酸など）の産生やミルキング作用などにより血流が増大し，血液と血管内皮との間でずり応力が増す。ずり応力※の増大は血管内皮（内膜）由来の血管拡張物質の分泌が誘発される。血管内皮から分泌される物質の中でも特にNO（一酸化窒素）は強力な血管拡張能を有している。NOは血管平滑筋や内

※ずり応力
血液が血管の中を流れることにより，血管内腔に面する内皮細胞の血流方向に「ずり応力」とよばれる物理的な刺激が加わる。このずり応力は血液の粘性と血流の速度に比例し，血管径に反比例する。運動中は血流量と速度が増大するため，それに応じてずり応力も増大する。

皮に作用して活動筋やそこに連なる細動脈の血管径が拡大して，血流量が増大すると考えられる（第8章「運動と内分泌系」参照）。逆に，腎や肝など運動への関与が少ない腹部内臓に連なる細動脈においては，血管内皮から分泌されるET-1（エンドセリン−1）などの血管収縮物質や交感神経緊張といった作用により血管径が縮小し，血流は減少する。このように血流量が低減した臓器においては，運動中は機能が抑制されていることが考えられる。

　このような神経系や内分泌系以外にも，運動による代謝の亢進に伴うCO_2や乳酸，カリウムイオン，リン酸，アデノシンといった代謝産物も血管を拡張することが示されている。

6-2-4. 血圧の変化

　運動中の血圧は大きく変動するが，行った運動の強度や種類によって異なった変動がみられる。すなわち，トレッドミル走のような動的な運動の場合には収縮期血圧は上昇するものの拡張期血圧は上昇しないかあるいは低下傾向を示す（図6-14(A)）。一方，握力発揮のような等尺性運動（筋収縮様式の項参照）を行った場合には収縮期血圧と拡張期血圧の両方が著しく上昇し，それに伴って平均血圧も上昇する（図6-14(B)）。

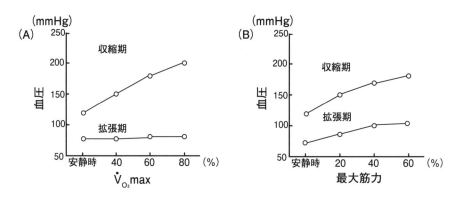

出典）冨樫健二ら，スポーツ生理学，p49，図4.9，化学同人，2017より引用改変

図6-14　運動時の血圧変化

　血圧は頸動脈洞と大動脈弓にある圧受容器で常時監視されており，その情報は延髄の心臓血管中枢に送られている。また，運動に伴う筋収縮情報とも同期することにより，電気的に極めて早い速度で調節されている。さらには，今まで述べてきたようにエンドセリンやNOあるいはノルアドレナリンといった液性の因子，あるいは骨格筋ポンプや呼吸ポンプといった物理的な因子など，運動実施に伴う様々な因子の影響を受けて変動する（図6-15）。

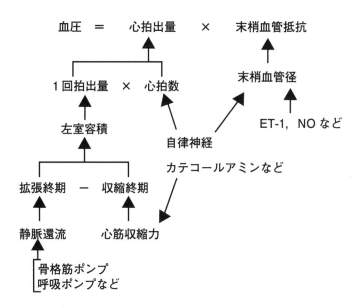

図 6-15　血圧の影響因子

　運動強度の増大に伴って心拍数と収縮期血圧も増大することから，両者の積は二重積（double product：DP）とよばれ，運動強度とともに増大し，心筋の酸素需要を示す指標として用いられる。すなわち，この二重積は運動による心臓の負担の程度を反映しており，中等度以下の運動ではその増大の程度は比較的緩徐であるが，AT（第5章「運動と呼吸器系」参照）付近で急激に増大する。

6-2-5. 心臓の適応

　トレーニングを継続すると，左心室の壁が肥厚し内腔が拡大することによるスポーツ心臓（athletic heart）とよばれる適応が起きることが知られている。長距離走や水泳のような持久的トレーニングを長期間継続した場合には，左心室内腔が顕著に拡大する（左室容積拡張型心肥大）（図6-16の左側）。

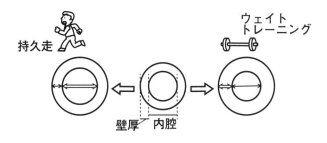

図 6-16　スポーツ心臓

　　左心室の内腔が拡大すると心室拡張終期容量（EDV）が顕著に増大することから，心室収縮終期容量（ESV）が同じであれば1回拍出量が増大する。持久的・有酸素性トレーニングを継続したアスリートにおいては1回拍出量は100〜150mLに達する。そうすると，末梢の酸素需要量が同一の運動においては，より低い心拍数で運動を遂行することが可能になる。同様の理由で安静時の心拍数も低下するため，持久性種目のアスリートにおいては徐脈（60拍/分未満）がみられることも多い（運動性徐脈）。

　　一方，ウエイトリフティングやレスリングのような無酸素的・瞬発的に大きな筋出力を伴うトレーニングを継続した場合には，左心室壁の肥厚が特に顕著である（左室壁厚増大型心肥大）（図6-16の右側）。左心室の壁厚が肥厚すると心臓の収縮力は増大する。等尺性運動のような筋力運動中は収縮期のみならず拡張期の血圧も上昇することはすでに述べた。したがって，心臓の収縮力の増大は，そのように血圧が上昇した状態においても血液供給ができるように適応した可能性を示している。

　　左室容積拡張型心肥大においても左室壁厚がある程度増大し，逆に左室壁厚増大型心肥大においても左心室の容積の拡大がみられることから，行ったトレーニングの組み合わせにより，スポーツ心臓のタイプも変化することが考えられる。病的な心肥大とは異なり，スポーツに適応して肥大した心臓は可逆的で，トレーニングの中止により数年以内に元の大きさに戻ることが示されている。

6-2-6. 血管の適応
(1) 中心動脈のトレーニング効果

　　心臓に連なる大動脈および大静脈は持久的トレーニングを行うことにより内腔の面積が拡大することが示されている。大動脈の内腔が拡大するとより多くの血液を運搬できるようになる。運動を実施すると末梢における酸素需要が増大するため，その需要に対応してより多くの酸素やエネルギーを供給する上で，動脈内腔の拡大は重要な適応である。また，前述のように血圧は血管径に反比例するため，トレーニングによる血管径の拡大により同一強度の運動をより低い血圧で実施することが可能になる。動脈の伸展性は加齢に伴って低下するが，有酸素性運動を継続しているアスリートにおいては高い水準で維持されていることが示されている。その一方で，筋力トレーニングを継続した場合には動脈の伸展性は低下することが示されているものの，有酸素性運動トレーニングの併用によりその低下を防ぐ可能性があることも示されている。

(2) 毛細血管のトレーニング効果

　大動脈のような中枢の大きな動脈のみならず末梢の毛細血管もまたトレーニングによって血管径が拡大する効果があることが知られている。また，トレーニング効果は血管径だけでなく毛細血管の新生が促進されその数も増加することが示されている。すなわち，血管数が増大し血管径が拡大することは，末梢の骨格筋における血流を相乗的に増大させることが可能になることを示している。さらには，低強度の運動を継続的にトレーニングすることによっては遅筋線維近傍の毛細血管数が増大し，逆に高強度の運動によっては速筋線維近傍の毛細血管数がそれぞれ増大することも示されている（図6-17）。すなわち，実施したトレーニングの特性により，その運動に動員される筋に対して特異的に血流を増大できるような適応が起きると考えられる。また，動脈径の拡大と数の増大により血液の供給が円滑になり，左心室の後負荷を軽減し，同じ血流量を必要とする同一強度における運動に対する血圧は低減することが考えられる。

　一方，大静脈の内腔が拡大すると，より多くの血液を還流させることが可能になる。そのため，心臓への静脈還流量が増大し，1回拍出量の増大を通じて心拍出量を増やすことが可能になる。

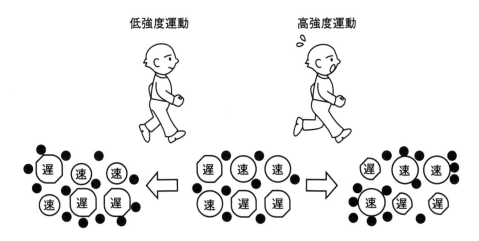

図 6-17　毛細血管の新生

6-3. 血液成分の適応

6-3-1. 赤血球

　持久的トレーニングを開始・継続すると3年目頃から血中の赤血球数が減少してくる（図6-18）。赤血球数が減少した血液は粘性が低下し血管とのずり応力が減じることから血液が円滑に流れやすくなる。しかしその

一方で，赤血球に含まれるヘモグロビン量も赤血球数とともに低減すると，木梢への酸素運搬機能は阻害されることが想定できる。ところが，学生長距離選手と同世代の一般人の赤血球数と平均ヘモグロビン量（mean corpuscular hemoglobin：MCH ＝（ヘモグロビン / 赤血球数）× 1000）の関係を参考にすると（図 6-19），持久的トレーニングにより低下した赤血球数付近では，長距離選手の平均ヘモグロビン量は比較的高いことが示されている。平均ヘモグロビン量（MCH）は赤血球１つあたりのヘモグロビン量の指数であることから長距離選手においては，赤血球数が減少することの代償作用としてヘモグロビン濃度を上げることにより酸素運搬能が維持されていると考えられる。

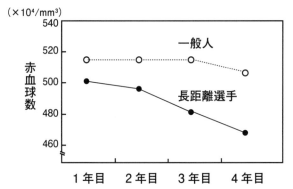

出典）春日規克ら，運動生理学の基礎と発展（3 訂版），p141，図表 4，フリースペース，2019 より引用改変

図 6-18　持久力トレーニングによる赤血球数の経年変化

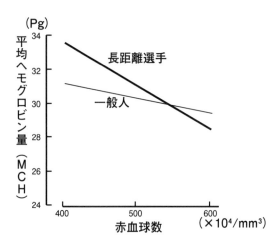

出典）岩垣丞恒ら，学生長距離選手の赤血球指標の縦断的変化，p18，図 4 右，東海大学スポーツ医科学雑誌，1998 より引用改変

図 6-19　長距離選手の MCH（平均ヘモグロビン量）

　また，長距離選手の平均赤血球容積（mean corpuscular volume：MCV）は一般人のそれよりも小さいことが示されている（図 6-20）。赤血球の容積が小さくなることは，より細い血管でも通過性が高まることを意味し，その結果末梢への酸素運搬能が向上すると考えられる。実際に，容積が同じであれば長距離選手の赤血球に含まれるヘモグロビンの濃度は高く（図6-21），赤血球数の減少に伴うずり応力の低下と併せて，長期にわたる持久的トレーニングにより酸素運搬能が相乗的に向上する適応が期待できる。

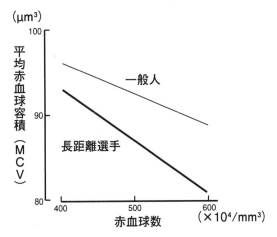

出典）岩垣丞恒ら，学生長距離選手の赤血球指標の縦断的変化，p18，図 4 左，東海大学スポーツ医科学雑誌，1998 より引用改変

図 6-20　長距離選手の MCV（平均赤血球容積）

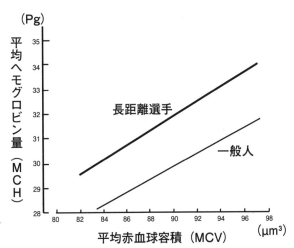

出典）岩垣丞恒ら，学生長距離選手の赤血球指標の縦断的変化，p19，図 6，東海大学スポーツ医科学雑誌，1998 より引用改変

図 6-21　長距離選手の MCV と MCH

コラム：昔取った杵柄は通用しない

　　長期間のトレーニングにより血管が伸展しやすくなることがよく知られている。伸展性の高い動脈は「ウィンドケッセル機能」が高く，血圧の異常な上昇を抑制する効果が期待できるだろう。動脈の伸展性には血管壁の弾性線維の性状が大きく寄与しているが，そこに含まれるエラスチンの加齢に伴う変性がトレーニングにより抑制され，その後も維持される可能性が示されている。その一方で，動脈の伸展性を示す大動脈脈波速度（PWV）は過去のトレーニング経験には関係がなく，現在の運動習慣の程度に依存することが示されている。これらのことから，加齢変化を抑制するトレーニング効果は弾性線維の中では維持されていたとしても，トレーニングを中止してしまうと，実際の動脈の伸展性に及ぼす恩恵も消失してしまうのかもしれない。伸展性や弾性の高いしなやかな血管を維持するためには，トレーニングすなわち運動習慣を継続してこそ価値があるのだろう。

確認問題

問1　40歳の人がランニングをしたところ，開始後10分時の脈拍数が140拍/分であった。そのときの運動強度をカルボーネン法（心拍予備）により求めよ。ただし，安静時心拍数は80拍/分とする。

a.　48%

b.　50%

c.　60%

d.　78%

e.　80%

問2　運動中の血流に関連して，以下の文で正しいものはどれか。

a.　血管内皮から分泌されるNO（一酸化窒素）は，強い血管収縮作用を有する。

b.　腎臓や肝臓の血流量は著しく減少する。

c.　脳血流量は減少する。

d.　最大強度の運動時には骨格筋の血流量は著しく増大し，安静時の5倍程度にまで達する。

e.　骨格筋の血流が著しく増大するため，静脈還流量は低下する。

問3　血圧とその運動中の変化について，以下の文で正しいものはどれか。

a.　有酸素性運動中の収縮期血圧（SBP）は低下する。

b.　平均血圧（MBP）は収縮期血圧（SBP）と拡張期血圧（DBP）の平均値で求められる。

c.　握力を発揮するような筋力運動では，収縮期血圧（SBP）と拡張期血圧（DBP）はともに運動強度に伴って上昇する。

d.　収縮期血圧（SBP）は運動強度に伴って上昇する。

e.　筋力運動では平均血圧（MBP）はあまり変化しない。

問4　トレーニングの継続による心臓の適応（スポーツ心臓）について，以下の文で正しいものはどれか。

a.　持久的・有酸素性トレーニングを継続したアスリートにおいては1回拍出量は100〜150mLに達する。

b.　持久性種目のアスリートにおいては徐脈（60拍/分未満）がみられることも多い。

c.　ウエイトリフティングやレスリングのような無酸素的・瞬発的に大きな筋出力を伴うトレーニングを継続した場合には，左心室内腔が顕著に拡大する。

d.　長距離走や水泳のような持久的トレーニングを長期間継続した場合には，左心室壁の肥厚が特に顕著である。

e.　スポーツに適応して肥大した心臓は非可逆的で，トレーニングをやめた後もスポーツ心臓は維持される。

問5　トレーニングの継続による血管の適応について，以下の文で正しいものはどれか。

a.　高強度のトレーニングを継続すると，骨格筋タイプⅠ線維近傍の毛細血管数が増加する。

b.　長期間の持久的トレーニングにより大動脈，大静脈ともに血管径が拡大する。

c.　筋力トレーニングを継続することにより，動脈の伸展性（動脈コンプライアンス）を長期間維持することが可能になる。

d.　トレーニングにより大静脈径が拡大すると心臓の前負荷が増大し，スターリングの心臓の法則に従い，1回拍出量が増大する。

e.　動脈径の拡大と数の増大により骨格筋への血液の供給が円滑になり，左心室の後負荷が増し，心拍出量が増大する。

参考文献

1）岩垣丞恒，新居利広，山村雅一，佐藤大貴：学生長距離選手の赤血球指標の縦断的変化，東海大学スポーツ医科学雑誌，11：15-21，1999.

2）小野寺孝一，宮下充正：全身持久性運動における主観的強度と客観的強度の対応 − Rating of Perceived Exertion との観点から −，体育学研究 21：191-203，1976.

3）柿山哲治，松田光生，小関迪：運動習慣が大動脈脈波速度に及ぼす影響 − 運動の開始時期および継続期間との関連 −，日本運動生理学雑誌 2：151-158，1995.

4）健康運動指導士養成講習会テキスト，（公財）健康・体力づくり事業財団，2018.

5）佐伯由香，細谷安彦，高橋研一，桑木共之（編訳）：トートラ人体解剖生理学　10版，丸善出版，2017.

6）鈴木克彦：運動と免疫，日本補完代替医療学会誌 1：30-40，2004.

7）日本高血圧学会，高血圧治療ガイドライン 2019.

8）松田光生：中心動脈伸展性の加齢変化に及ぼす運動の効果，心臓 34：841-849，2002.

9)村岡功（編著）：スポーツ指導者に必要な生理学と運動生理学の知識，市村出版，2013.

10) Bclz GG:Elastic properties and Windkessel function of the human aorta. Cardiovasc Druga Ther, 9:73-83,1995.

11) Borg GA:Psychophysical scaling with applications in physical work and the perception of exertion,Med Sci Sports Exerc 5:90-93,1973.

12) Cox ML et al.:Exercise training-induced alterations of cardiac morphology,J Appl Physiol, 61:926-931,1986.

13) Gute D et al.:Regional changes in capillary supply in skeletal muscle of interval-sprint and low-intensity, endurance-trained rats,Microcirculation 1:183-193,1994.

14) Kano Y et al.:Effects of different intensity endurance training on the capillary network in rat skeletal muscle,Int J Microcirc Clin Expe, 17:93-96,1997.

15) Kawano H et al.:Resistance training and arterial compliance: keeping the benefits while minimizing the stiffening. J Hypertension 24:1753-1759,2006.

16) Lind AR, and McNicol.:Circulatory responses to sustained handgrip contractions performed during other exercise both rhythmic and static. J Physiol ,192:575-607,1967.

17) MacDougall JD:Blood pressure response to resistance, static and dynamic exercise. In : Cardiovascular Response to Exercise. Ed by Fletcher GF. Future Publishing Company Inc., 155-173,1984.

18) Miyachi M et al.:Effects of endurance training on the size and blood flow of the arterial conductance vessels in humans. Acta Physiol Scand 163:13-16,1998.

19) Miyachi M et al.:Unfavorable effects of resistance training on central arterial compliance　A randomized intervention study. Circulation 110:2858-2863,2004.

20) Nosaka T et al.:Do exercise-induced changes in distensibility and elastic components of rat aorta last for long after the cessation of training ? Int J Sport Health Sci 2:76-83,2004.

21) Palmer RMJ et al.:Nitric oxide release accounts for the biological activity of endothelium-derived relaxing factor. Nature, 327:524-526,1987.

22) Rewell LB:Control of regional blood flow during dynamic exercise. In : Human Cardiovascular Control. Ed by Rewell LB. Oxford University Press. 204-206,1993.

23) Tanaka H et al.:Aging, habitual exercise, and dynamic arterial compliance. Circulation 102:1270-1275,2000.

24) Tanaka H et al.:Comparison between carotid-femoral and brachial-ankle pulse wave velocity as measures of arterial stiffness. J Hypertens 27:2022-2027,2009.

25) Tanaka H et al.:Double product response is accelerated above the blood lactate threshold. Med Sci Sports Exerc. 29:503-508,1997.

26) Thibodeau GA et al.:Anatomy and Physiology. 2nd ed., Mosby-Year Book, St. Louis, 517,1993.

第7章
環境と運動

概要

　私たちの体温は，外部環境が変化してもほぼ一定（約37℃）に保たれている。寒いときにはふるえることで熱を産生し，熱いときには汗をかくことで熱を放散する。この章では，人の熱産生や熱放散などの体温調節の仕組みについて理解し，暑熱・寒冷環境に対する順化および運動中の障害予防と対策について学ぶ。さらに，高地環境や水中環境における生理的変化，運動の効果および長期トレーニングによる適応変化などについて学ぶ。

7-1. 体温調節

7-1-1. 体温

　人の体温は，体の部位によって異なるが，外部環境が変化してもほぼ一定（約 37℃）に保たれている．頭部と深部（核心温）は，環境にほとんど影響を受けないが，体表面の皮膚温は寒冷環境下では低くなり，暑熱環境下では 37℃ に近づく（図 7-1）．運動時の体温を評価する場合，深部体温を反映する食道温や直腸温が利用される．

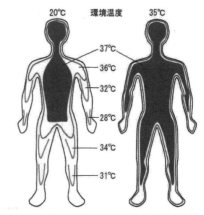

出典）Aschoff and Wever,Naturwissenschaften,45:477-485,1958 より引用改変

図 7-1　生体内部の温度分布とその環境温度による影響

　体温が 35 〜 40℃ 前後の範囲内は調節機能が正常であるが，その範囲外では機能障害が生じていると考えられる．短時間でも過度に体温が上昇（44 〜 45℃）すると，酵素の不可逆的変化が生じ，生命の危険にさらされる（図 7-2）．また，体温の低下も同様であり，20℃ 前後が生存の下限とされている．表 7-1 は，深部低体温に伴う生理的変化を示す．体温は日内変動があり，朝低い値を示すが，昼から夕方にかけて上昇し，その後再び低下していく（図 7-3）．

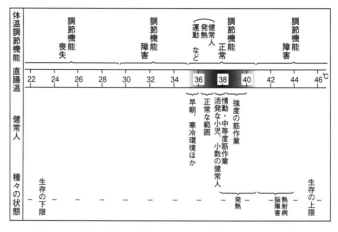

出典）入來正躬，体温生理学テキスト，文光堂，2003 より引用改変

図 7-2　健常人および種々の状態における直腸温と体温調節機能

表 7-1　深部体温の低下に伴う生理的変化

出 典) American College of Sports Medicine position stand. Prevention of cold injuries during exercise. Med. Sci. Sports Exerc., 38: 2012, 2007. より引用改変

ステージ	深部体温 (℃)	生理的変化
通常体温	37.0	
軽度の低体温	35.0	最大の震え，血圧の上昇
	34.0	言語障害，判断力低下，行動変化
	33.0	運動失調，無感情
中等度の低体温	32.0	昏睡
	31.0	震え消失，瞳孔散大
	30.0	不整脈，心拍出量低下
	29.0	意識消失
重度の低体温	28.0	心室細動傾向，呼吸低下
	27.0	反射と随意運動の消失
	26.0	酸塩基障害，痛みに対する無反応
	25.0	脳血流量の低下
	24.0	低緊張，徐脈，肺浮腫
	23.0	角膜反射消失，無反射
	19.0	脳波消失
	18.0	心停止
	15.2	偶発的な低体温からの救命限界（子ども）
	13.7	偶発的な低体温からの救命限界（成人）

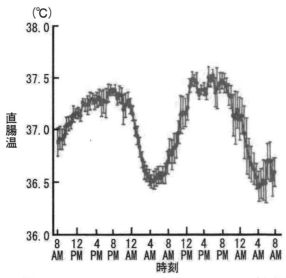

出典) Scales et al., J. Appl. Physiol., 65:1840-1846, 1988 より引用改変

図 7-3　健常人における直腸温の概日リズム

7-1-2. 熱産生

　体のエネルギー産生系の効率は約 20％であり，食物から摂取したエネルギーの約 80％は熱となる。体温が 1℃上昇すると代謝量は約 10％亢進

するため，高体温時には代謝量も増加する。また，食後に代謝が上昇する特異動的作用は，食事誘発性熱産生（diet-induced thermogenesis: DIT）ともいい，タンパク質摂取時に著しい。体温調節を目的とした積極的な熱の産生が骨格筋と褐色脂肪組織によって行われる。

　一方，寒冷環境にさらされると代謝量が増加し，これにはふるえや非ふるえ熱産生が関与する（図7-4）。ふるえは，体温を維持するために骨格筋が不随意的に起こす収縮であり，拮抗筋が同時に収縮するため収縮エネルギーはすべて熱となる。

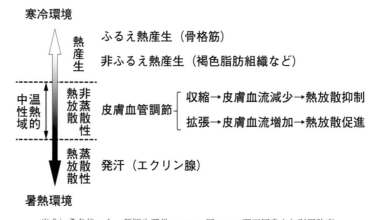

出典）桑名俊一ら，新版生理学，p412，図15.6，理工図書より引用改変

図7-4　環境温度の違いによる体温調節反応

　骨格筋のふるえ以外の熱産生（非ふるえ熱産生）として褐色脂肪組織による作用がある。褐色脂肪組織は新生児に多く，成長につれて減少するが，交感神経刺激によって分解・燃焼されて熱を産生する。人では幼児期に非ふるえ熱産生が重要であり，成人では非ふるえとふるえ熱産生の両方が寒冷下での代謝量増加に貢献する。

コラム：褐色脂肪とは？

　人の体には白色と褐色の2種類の脂肪組織が存在する。白色脂肪は，一般に体脂肪や内臓脂肪などであり，全身に広く分布する。白色脂肪は余剰なエネルギーを中性脂肪として蓄え，必要に応じて脂肪酸として全身に供給するエネルギーの貯蔵庫としての役割をもつ。

　一方，褐色脂肪は肩甲骨付近や腎周囲などの特定部位に少量だけ存在する。褐色脂肪は脂肪を燃焼して熱を産生する特殊な脂肪組織であり，褐色脂肪が活性化すると白色脂肪が減少する。つまり，褐色脂肪が体脂肪量の調節に関わっていると考えられる。

7-1-3. 熱放散

　体の深部（筋，内臓）で産生された熱は，血流によって体表面へ運ばれ，①水分蒸発，②伝導，③放射（輻射），④対流によって熱が放散される。一般的に体温は環境温よりも高く，通常は①〜④の手段によって熱放散が促進される（図 7-5）。

　一方，体温よりも環境温が高い場合，発汗などによる水分蒸発が，唯一の熱放散手段となる。血流によって運ばれた熱は，体表面に接する物体や空気・水などに伝えられる（伝導，対流）。また，体表面からは赤外線として熱が周囲に放射される（放射，輻射）。さらに，発汗がなくとも皮膚や呼吸気道から絶えず水分が気化熱として蒸発しており，これを不感蒸散という。その量は，1 日約 1L である。

図 7-5　運動時の環境ストレスと熱放散の経路

7-1-4. 体温調節機構

　人などの恒温動物は，真夏の炎天下では体温が上昇してしまわないように，自律的に皮膚血管を拡張させ，体表面の血流量を増加させることで熱を放散する。一方，寒い冬の日に薄着で外出すると，ブルッとふるえが生じる。これらの反応は，外界の温度情報を皮膚に存在する温度受容器が感知し，脊髄で中継された情報が視床下部にある体温調節中枢に伝達されることによって生じる。温度情報は，体温調節中枢で設定されている基準値（セットポイント）と照合され，差があるときは補正される（ネガティブフィードバック制御）。

　特に，暑熱環境では，交感神経や運動神経の出力が低下し，熱産生が抑制されて皮膚血管が拡張することにより熱放散が促進される。一方，寒冷環境では，交感神経や運動神経の出力が増加し，熱産生が促進されるとともに皮膚血管が収縮することにより熱放散が抑制される（図 7-4）。

　　体温調節中枢としての視床下部は体温を一定に保つために熱産生器官や熱放散器官（汗腺や皮膚血管）に命令を送っている。汗腺や皮膚血管は交感神経によって支配され，汗腺にはエクリン腺とアポクリン腺がある。通常，体温調節に重要な役割を担っているのがエクリン腺である。

　　発汗には温熱性発汗と精神性発汗がある。温熱性発汗は，体温を一定に保つための重要な機能であり，精神性発汗は，体温調節に関係なく，感情や情動，精神的ストレスによって手のひらや脇，足裏などに出現する。

7-1-5. 環境への順化

　　環境に体が慣れ，適応することを順化という。人は暑さによく適応し，夏の初めに 1 日数時間ずつでも暑熱に曝露されると，1 ～ 2 週間で皮膚血管の拡張反応，発汗が促進され，熱放散が効率よく行われるようになる（暑熱順化）。また，暑熱環境下での運動トレーニングによって，皮膚血管拡張が生じる体温閾値も低下し，皮膚血流量も増加することから，熱放散反応が改善される。

　　一方，人が寒冷地で暮らせるのは，生理的適応よりも衣服・住居・暖房などの文化的適応によるところが大きい。寒冷曝露により熱放散を抑えるために皮膚血管は収縮する。また，寒冷環境下ではふるえなどにより筋緊張が増加し，エネルギー効率が低下する。

7-2. 運動時の体温調節

7-2-1. 運動強度と運動様式

　　運動時は骨格筋の収縮による熱産生が亢進し，最大運動時には安静時の約 20 倍に達する。運動強度に比例して酸素摂取量が増加するが，体温も運動強度に比例して上昇する。例えば，最大酸素摂取量の 50% の運動を 1 時間継続すると体温は約 38℃に達する。運動に伴い体温が上昇すると熱放散反応を促進するため，皮膚血管拡張による皮膚血流量増大と発汗が生じる。運動時の熱放散反応において最も貢献するのは，発汗である。

　　しかし，運動強度の増大や運動時間が長くなると活動筋に対して優先的に血流が配分される（血流再配分）。その結果，皮膚血流量が減少し，熱放散効率が低下する。つまり，運動時には活動する骨格筋と皮膚との間で血液の奪い合い（生理的競合）が生じる。

7-2-2. 高温（暑熱）環境と運動

(1) 環境温の影響

　高温環境では，伝導，対流，放射（輻射）などの非蒸散性熱放散の効率が著しく低下するため，発汗による熱放散・体温調節が重要となる。高温環境下での運動時には環境因子を把握するため，湿球黒球温度（wet-bulb globe temperature: WBGT※）が用いられる（図7-6）。WBGTは，熱中症予防の暑さ指数として位置づけられており，黒球温度，湿球温度および乾球温度をもとに算出される。

※ WBGTの算出法
屋外の場合
WBGT=0.7×湿球温度 + 0.2×黒球温度 + 0.1×乾球温度

屋内の場合
WBGT=0.7×湿球温度 + 0.3×黒球温度

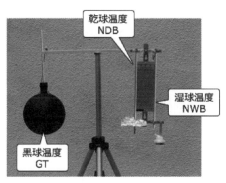

暑さ指数(WBGT)測定装置　　　　　実際の観測の様子

出典）環境省熱中症予防情報サイト　（https://www.wbgt.env.go.jp/doc_observation.php）より引用改変

図 7-6　湿球黒球温度

　運動時の直腸温は，環境温が5〜35℃の範囲であればほぼ一定の値を示す。一方，運動強度が高くなると環境温に影響されやすくなる。同じ温度であっても，相対湿度が50％以上になると運動時の直腸温はその影響を受けて体温が上昇する。この湿度上昇による体温上昇は，体温調節に作用する有効発汗量が湿度50〜70％にかけて低下することと関係する。相対湿度が高くなると，発汗以外の熱放散が増加し，皮膚への血流量が増加するため，運動時の骨格筋への血流量と競合する（生理的競合）。したがって，運動時には環境温だけでなく，湿度への注意も必要である。

　環境温上昇に伴い運動時のエネルギー供給系も変化する。環境温27℃では運動に必要なエネルギーの約90％が有酸素系による供給であるが，環境温が40℃になるとその割合は低下して約70％となる。また，高温環境下の運動では，血中乳酸濃度が増加しやすくなり，運動時の代謝が無酸素系にシフトする。

(2) 体温の影響

　食道温が約40℃（筋温は食道温よりも高い）になると運動遂行が不可能になる。これは，40℃という高体温が人における運動継続の制限因子と

なる。この高体温時に生じる運動遂行不能は，血液循環系や骨格筋などの末梢性要因ではなく，中枢性疲労によるものと考えられている。高体温は運動時の換気を亢進させ，過換気→動脈血 CO_2 濃度低下→脳血流低下を生じさせる。これにより脳温上昇を引き起こす。

(3) 熱中症

　体温上昇などによる暑熱障害の総称を熱中症という。これには，熱失神，熱けいれん，熱疲労，熱射病がある（図 7-7）。運動時の熱中症発生件数は，WBGT が 28 〜 30℃で急激に多くなる（図 7-8）。また，夏の暑さに順化していない時期にも熱中症の危険性は高い。図 7-9 は，熱中症予防の指針を示す。

Ⅰ度（軽度）	Ⅱ度（中度）	Ⅲ度（重度）
脱水率 2 〜 4%	脱水率 5 〜 6%	脱水率 7% 以上
熱失神 ・血圧低下 ・めまい ・失神 熱けいれん ・こむらがえり	熱疲労 ・頭痛 ・吐き気 ・重度の脱力感	熱射病 ・40℃以上の高体温 ・意識障害・昏睡 ・重症の場合は死亡

図 7-7　熱中症の症状と重症度

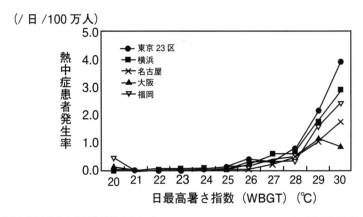

出典）環境省熱中症予防情報サイト（https://www.wbgt.env.go.jp/wbgt.php）より引用改変

図 7-8　日最高 WBGT と熱中症患者発生率の関係

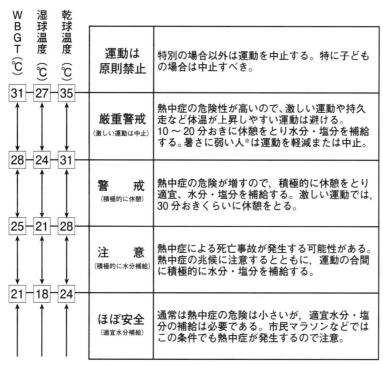

WBGT (℃)	湿球温度 (℃)	乾球温度 (℃)		
31	27	35	運動は原則禁止	特別の場合以外は運動を中止する。特に子どもの場合は中止すべき。
28	24	31	厳重警戒 (激しい運動は中止)	熱中症の危険性が高いので、激しい運動や持久走など体温が上昇しやすい運動は避ける。10〜20分おきに休憩をとり水分・塩分を補給する。暑さに弱い人※は運動を軽減または中止。
25	21	28	警　戒 (積極的に休憩)	熱中症の危険が増すので，積極的に休憩をとり適宜、水分・塩分を補給する。激しい運動では，30分おきくらいに休憩をとる。
21	18	24	注　意 (積極的に水分補給)	熱中症による死亡事故が発生する可能性がある。熱中症の兆候に注意するとともに，運動の合間に積極的に水分・塩分を補給する。
			ほぼ安全 (適宜水分補給)	通常は熱中症の危険は小さいが，適宜水分・塩分の補給は必要である。市民マラソンなどではこの条件でも熱中症が発生するので注意。

1) 環境条件の評価には WBGT（暑さ指数とも言われる）の使用が望ましい。
2) 乾球温度（気温）を用いる場合には，湿度に注意する。
　　湿度が高ければ，1ランク厳しい環境条件の運動指針を適用する。
3) 熱中症の発症リスクは個人差が大きく，運動強度も大きく関係する。
　　運動指針は平均的な目安であり，スポーツ現場では個人差や競技特性に配慮する。
※暑さに弱い人：体力の低い人，肥満の人や暑さに慣れていない人など。

出典）スポーツ活動中の熱中症予防ガイドブック，日本スポーツ協会，2019 より引用改変

図 7-9　熱中症予防の運動方針

　発汗は体液と電解質の損失を伴うため，適切な水分と電解質摂取を行わないと脱水症となり，熱中症や運動機能（パフォーマンス）の低下が生じる。脱水により体液量（循環血液量）が減少し，脳血流速度も低下する。例えば，体重の約2％に相当する脱水によりパフォーマンスが低下し始め，体重の5〜6％相当の重度の脱水になると全身の脱力感，倦怠感，頭痛，吐き気などの熱疲労などの症状が起こる。

　さらに，体温が40℃以上まで上昇する熱射病は，死亡率も高くなるため，言動がおかしいときや意識障害があるときには直ちに119番通報するとともに体温を速やかに下げる必要がある。体温を下げるには，衣服の上から水をかけて気化熱を利用する，首やわきの下，足のつけ根などの太い血管の走行部位を氷や氷嚢をあてて冷やす方法も効果的である（図7-10）。

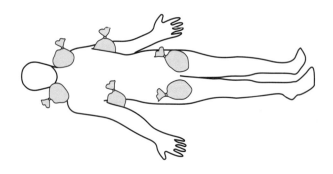

図7-10　効果的な体の冷やし方

7-3. 暑熱順化と運動トレーニング

7-3-1. 発汗機能の改善

　高温曝露を反復することで高温環境下における安静時の発汗量が多くなり，体温上昇も低減される。また，高温環境下での運動トレーニングによって発汗反応も改善する。このような暑熱順化や運動トレーニングに伴う発汗機能の改善は，体幹部より四肢において顕著である。この発汗機能の改善は，汗の塩分濃度を低下させるため，体温と体液濃度を維持するための効果的な発汗を引き起こす。さらに，高温多湿環境下で多量発汗が続くと発汗量が次第に減少（発汗漸減）し，この運動時の発汗漸減は運動鍛錬者のみに認められる。

7-3-2. 皮膚血管拡張機能の改善

　高温曝露の反復によって皮膚血流量は増加する。高温環境下で運動トレーニングを実施すると皮膚血管拡張体温閾値が低下し，皮膚血管機能が改善される。暑熱順化や高温環境下での運動トレーニングによる体液量の増加が発汗機能と皮膚血流増加に貢献する。

7-4. 寒冷環境と運動

7-4-1. 寒冷下での運動

　寒冷環境では皮膚血管が収縮して皮膚血流量も低下する。核心温が低下する際には，ふるえ熱産生とともに交感神経系の亢進による熱産生（非ふるえ熱産生）を使って体温調節が行われる（図7-4，7-11）。したがって，寒冷環境下で運動する場合，常温下よりもふるえなどにより筋緊張が増加

するので，エネルギー効率が低下する。

　寒冷環境下での最大下運動では，筋血流量の低下や運動単位の動員が増
加され，乳酸産生が多くなり，常温下よりも疲労しやすいと考えられてい
る。体温調節能は体型による影響を受け，皮下脂肪が断熱に有効であり，
皮下脂肪厚は耐寒性の指標となる。また，熱放散は体表面積 / 体重の値に
影響を受け，その値は子どもが成人よりも約 1.4 倍大きい。このことは，
子どものほうが大人よりも熱が奪われやすく，筋量も少ないため熱産生能
力も低いことを意味する。したがって，寒冷環境下では子どもの防寒対策
が重要となる。

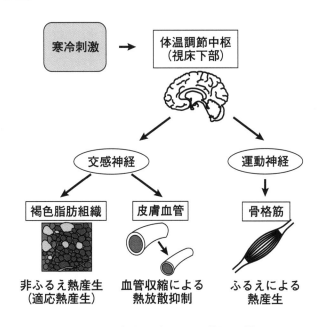

図 7-11　寒冷環境下での体温調節

7-4-2. 寒冷順化と運動トレーニング

　寒冷環境下では，体温は次の 3 つの要因によって調節される。

（1）血管の適応

　皮下にある冷受容器の刺激が末梢血管を収縮させ，攣縮が生じ温かい血
液が体表に流れ，体の中心部に還流される。そして，皮膚や皮下脂肪の利
点を最適化するために皮膚温は環境温度近くまで低下する。

（2）筋の活動

　ふるえは代謝熱（安静時代謝の 3 ～ 5 倍）を産生し，寒さに対する防御
として大きく貢献する。

（3）ホルモン分泌

　副腎髄質から「熱産生」ホルモンであるエピネフリンやノルエピネフリンが分泌され，寒冷刺激に暴露されている間も熱産生が増加する。

　運動トレーニングは，筋肉量の増加とともに筋や肝臓などにおける糖代謝・脂質代謝機能を向上させ，基礎代謝量が増加する。さらに，厳しい寒冷環境やより長い寒冷曝露時間になると運動鍛錬者は，非ふるえ熱産生およびふるえ熱産生の増大が大きくなる。皮下脂肪量が同じであっても持久性トレーニングを積んでいるアスリートは，そうでないものと比較して寒冷環境下での皮膚血管収縮が大きい。この皮膚血管収縮の増大は，運動トレーニングによる自律神経活動の変化や血管内皮機能の向上が関係していると考えられている。

7-5. 低圧（高地）環境と運動

7-5-1. 低圧（高地）環境下での運動

　高地環境では平地よりも気圧，酸素分圧，気温などが低下する。空気の密度は海抜から上昇するにつれて減少する。海抜 0m の気圧は 760mmHg であるが，標高約 3,000m では，気圧は 526mmHg にまで低下する。

　一方，標高に関係なく大気中に含まれる酸素は約 21％であり，酸素分圧（PO_2）＝ 0.21 × 気圧で算出される。酸素分圧は，海抜レベルでは，約 159mmHg であるが，標高 3,000m では約 110mmHg まで低下する（図 7-12）。

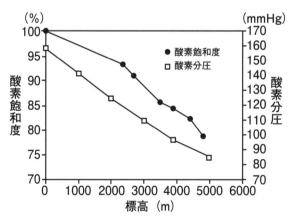

出典）中里浩一ら，1 から学ぶスポーツ生理学，第 2 版，p151，図 10-9，ナップ，2016 より引用改変

図 7-12　標高と酸素分圧，酸素飽和度の関係

　海抜約 2,500m で最大酸素摂取量の 60％強度の運動を行うと，運動時の代謝量や体温上昇は平地（海抜 0m）とほとんど変わらないが，約 4,500m では代謝と体温ともに上昇レベルが平地よりも有意に低下する。したがって，高地では動脈の酸素分圧も低下し，動脈血酸素飽和度が低下するため有酸素性能力の指標である最大酸素摂取量が低下する。標高 4,000m では，海抜レベルと比べて 75％であり，7,000m では，海抜レベルの半分となる（図7-13）。さらに，高地では乳酸性作業閾値（lactate threshold: LT）の低下が生じる。その原因は，血中アドレナリン濃度が上昇し，活動筋内のグリコーゲン分解が促進されるためと考えられている。

　一方，高地環境であっても，2 分以内に終了する競技種目であればパフォーマンスに悪影響を及ぼさない。パフォーマンス低下の閾値は，標高約 1,600m で 2 分以上の運動であるといわれている。わずか 600 〜 700m の標高でも 20 分以上の運動ではパフォーマンスが低下する（図 7-14）。

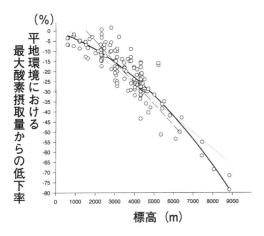

出典）Fulco, C. S., et al.: Maximal and submaximal exercise performance at altitude. Aviat. Space Environ. Med., 69: 793, 1998. より引用改変

図 7-13　標高と最大酸素摂取量の関係

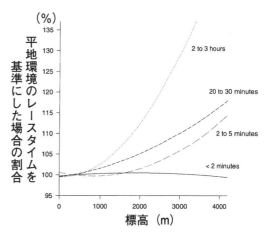

出典）Fulco, C. S., et al.: Maximal and submaximal exercise performance at altitude. Aviat. Space Environ. Med., 69: 793, 1998. より引用改変

図 7-14　競技時間と高度に関する
　　　　　パフォーマンスの一般的傾向

7-5-2. 高地順化

　標高 2,300m に順化するためには，約 2 週間かかる。一方，酸素分圧の低い高地環境下の急性適応として呼吸促進による過換気が生じる。動脈血の酸素分圧が低下すると頸動脈小体と大動脈小体の化学受容器を介して呼吸中枢が刺激され，呼吸が促進される。また，酸素分圧の低下は，循環中枢を刺激して心拍数を増加させ，心収縮を高め，心拍出量を増大させる。このような反射性の呼吸循環調節により低酸素状態においても恒常性が維持される。

　　さらに，高地に長期滞在すると，ヘモグロビン酸素解離曲線の右方シフト，ヘモグロビンや赤血球数が増加するなど，酸素運搬能力を高める代償作用（生理的適応）が生じる。さらに，高地トレーニングはこれらの代償作用をより効果的に高める（運動適応）。

7-5-3. 高地トレーニング

　　高地トレーニングは，ヘモグロビンの増加や骨格筋組織における毛細血管新生や毛細血管密度の増加，ミトコンドリアの酸化酵素活性増加などといった高所への適応により，平地でトレーニングするよりも効果的に酸素摂取能力が向上する。その結果，LT の上昇（右方シフト）が得られる。高地順化のためには，3,000m 以上の高度が望ましいが，競技者にとって身体的負担が大きくなり，パフォーマンス向上につながらないばかりか，高山病などの危険性もある。そこで，標高 2,300m 前後でのトレーニングが推奨されている。血液性状の高地順化には約 4 週間程度かかるため，一般的にトレーニング期間は 3 〜 6 週間である。しかし，高地トレーニングの効果は個人差もあり，約 2 〜 3 週間程度で消失する。

　　高地トレーニングによるリスクを軽減する方法として，高地と平地を行き来し，高地トレーニングと平地トレーニングを繰り返して行う工夫もなされている。また，高地滞在による適応効果とトレーニング強度の低下を防ぐ観点から，2,500m 前後の高所で滞在し，トレーニングは 1,200m 以下で行う高所滞在・低所トレーニング（living high, training low）が提唱されている。

7-6. 水中環境と運動

7-6-1. 水中環境

　　水中環境の主な特徴は，①浮力，②水圧，③抵抗，④水温である。水中では浮力がはたらくため，重力の影響を軽減させた運動が可能である。浮力とは水中に浸かっている部分と同じ体積に相当する水の重さ分だけ重力と反対方向にはたらく力である。腰までの水深で運動すると，体重は約半分となり，首まで浸水して運動すると約 10% にまで軽減される。つまり，陸上運動に比べて水中運動は下肢関節への負担が軽減される。浮力を利用し水中で浮遊しているときは，陸上で仰向きに寝ているときよりも副交感神経活動が亢進し，リラックスできる。

　　物体は陸上において，1 気圧の圧力を受けている。水中では体に水圧が負荷される。腰までの水深では，水圧負荷の影響を受けるのは下肢のみで

あり，みぞおち部位の水深では，下肢と腹部に，胸部浸水時には心臓と肺を含めた中心循環系に影響を及ぼす。水深が深くなるほど水圧が高くなり，1mあたり0.1気圧相当の水圧が負荷される。水中では下肢へ水圧が負荷されるため，下肢からの血液の還流が促進され，心臓に戻る静脈還流量が増加する。静脈還流量の増加は心拍出量を増加させ，血圧が上昇傾向にはたらくが，これを緩衝するために心拍数と末梢血管抵抗を低下させて血圧を一定に保とうとする。このため，水中では陸上よりも心拍数の上昇が抑えられる。また，水圧により横隔膜が圧迫され，陸上に比べて肺活量は約10%低値を示し，呼吸機能の向上が見込まれる。

　胸部浸水時には，中心静脈の血圧上昇に伴う心肺受容器反射が起こり，心房性ナトリウム利尿ペプチドの分泌が促進されるため，利尿作用が亢進する。水中で息を止めると心拍数が低下し，顔面浸水によって徐脈の程度が大きくなる（潜水反射）。

　水の抵抗は陸上の600〜800倍であり，水中運動では陸上運動よりも大きな抵抗を受ける。水の抵抗は，速度の2乗に比例して大きくなることから，体を動かすスピードによって体にかかる負荷を調節できる。例えば，個々の年齢や体力，コンディションに応じて水の抵抗を利用したレジスタンストレーニングを行えるため，水中運動は運動処方やリハビリテーションに応用されている。

　水温は，体温調節系に及ぼす影響が大きい。一般的に体温（36〜37℃）よりも低い水温下で運動を行うため，熱損失に対応した体温調節反応がはたらく。通常，水中では皮膚血管収縮と代謝活性化に伴う熱産生が高まり，陸上よりもエネルギー消費が大きい。一方，水温を高く設定すると，筋緊張の緩和や血管拡張により血行が促進される。したがって，水中環境は，浮力による抗重力筋の弛緩効果，水温調節による自律神経機能の賦活とリラクゼーションなど陸上とは異なる様々な効果が期待できる。

7-6-2. 水中運動とトレーニング効果

　水中運動は，アクアビクスともよばれ，健康増進運動や水中運動療法として広く実践されている。65歳以上の骨粗しょう症女性に対する10週間（週2回）の水中体操プログラムによってバランス能力と健康関連QOLの改善が報告されている。また，60〜65歳の健常中高年者を対象に肩まで浸水した状態での徒手体操や深呼吸は，吸気能力を改善させるなど，水中運動は，健常者から有病者まで幅広い対象に実践できる運動プログラムである。表7-2は水中運動の主な利点と危険性をまとめたものである。

表 7-2　水中運動の主な利点と危険性

水中運動による利点	水中運動の危険性
浮力により体重軽減・関節負担の軽減	呼吸制限
水圧により静脈還流量の増加，心肺機能向上	深い水深による心肺圧迫
水の抵抗により消費エネルギーが大きい	筋痙攣（足がつりやすい）
水温の設定により筋緊張の緩和・リラクゼーション	水を飲む，溺れるなど

確認問題

問 1　体温とその調節について，誤っているのはどれか。2 つ選べ。

a. 深部体温（核心温）は，外部環境の影響を受ける。

b. 体温調節中枢は，視床下部にある。

c. ふるえは，骨格筋の収縮による熱産生反応である。

d. 暑熱順化による発汗機能の改善では，汗の塩分濃度が低下する。

e. 体温よりも環境温度が高いとき，放射（輻射）が唯一の熱放散反応である。

問 2　低圧環境と運動について，正しいのはどれか。2 つ選べ。

a. 高地では平地よりも気圧は低下するが，酸素分圧は上昇する。

b. 低圧環境では，動脈血酸素飽和度は変化しない。

c. 標高が高くなるにつれて，最大酸素摂取量は低下する。

d. 高地環境では，陸上競技の短距離種目のパフォーマンスは低下しない。

e. 高地に長期滞在すると，ヘモグロビン酸素解離曲線の左方シフトが生じる。

問 3　水中環境と運動について，誤っているのはどれか。

a. 水中では，浮力が生じる。

b. 水中では，レジスタンス運動の効果はない。

c. 水中では，静脈還流量が増加する。

d. 水中では，陸上よりも大きな抵抗を受ける。

e. 水中では，利尿作用が亢進する。

参考文献

1)入来正躬：体温生理学テキスト，文光堂，2003.

2)川原貴，伊藤静夫，井上芳光，田中英登，中井誠一，長谷川博，松本孝明，安松幹展：スポーツ活動中の熱中症予防ガイドブック，（公財）日本スポーツ協会，2019.

3)健康運動指導士養成講習会テキスト（上），（公財）健康・体力づくり事業財団，2014.

4)小山勝弘，安藤大輔（編著）：運動生理学，三共出版，2013.

5)田中喜代次，西平賀昭，征矢英昭，大森肇（監訳）：運動生理学大事典，西村書店，2017.

6)中里浩一，岡本孝信，須永美歌子：1から学ぶスポーツ生理学，ナップ，2016.

7）冨樫健二（編）：スポーツ生理学，化学同人，2014.

8）本郷利憲，廣重力，豊田順一（監修）：標準生理学，第6版，医学書院，2007.

9）環境省熱中症予防情報サイト　（https://www.wbgt.env.go.jp/doc_observation.php，https://www.wbgt.env.go.jp/wbgt.php）

10）Aschoff and Wever,Naturwissenschaften,45:477-485,1958.

11）Fulco, C. S., et al.: Maximal and submaximal exercise performance at altitude. Aviat. Space Environ. Med., 69: 793, 1998.

12）Scales et al., J. Appl. Physiol., 65:1840-1846, 1988.

第8章
運動と内分泌系

概要

　内分泌系は，成長やエネルギー代謝の調節など生体の恒常性（ホメオスタシス）の維持に必要な機能であり，内分泌器官から血液中に分泌されるホルモンによって調節される。この章では，様々なホルモンの作用と視床下部を中心とする自律神経系との機能的連携について理解する。また，運動時の内分泌反応，特に運動強度の違いとトレーニング様式の違いによるホルモン分泌量の変化について学び，効果的なトレーニングプログラムの作成および実践に役立てるための知識を深める。

8-1. 内分泌器官とホルモン

8-1-1. 内分泌器官

　内分泌器官は，特定の器官の細胞活動を調節するために血液中にホルモン（hormone）を分泌する。内分泌器官は腺ともよばれ，ホルモンは血液を介して特定の器官（標的器官）に作用する。主な内分泌器官には，松果体，視床下部，下垂体，甲状腺，副甲状腺，副腎，膵臓，性腺などがある（図 8-1）。

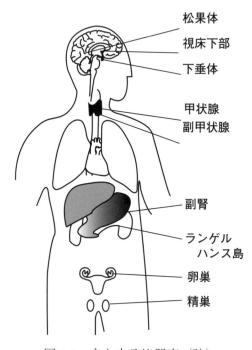

松果体
視床下部
下垂体

甲状腺
副甲状腺

副腎

ランゲル
ハンス島

卵巣

精巣

図 8-1　主な内分泌器官（腺）

8-1-2. ホルモン

　ホルモンは血液中やリンパ液中に分泌されて希釈され，標的器官に到達すると細胞膜あるいは，細胞質にある受容体と結合し，非常に低濃度でホルモン効果を引き起こす。その作用は生体の恒常性（ホメオスタシス），エネルギー代謝の調節，成長，生殖機能の維持などである。

　ホルモンは，水に溶けやすい水溶性ホルモンと水に溶けにくい脂溶性ホルモンがあり，また，化学構造により①アミン型，②ペプチド，③ステロイドの3種類に分類される。アミン型ホルモンは，アミノ基（NH_2）をもつホルモンであり，カテコールアミン（アドレナリンとノルアドレナリン）や甲状腺ホルモンなどがある。ペプチドホルモンは，アミノ酸が多数つながったポリペプチドからつくられたホルモンであり，インスリンや成長ホ

ルモン（growth hormone: GH）などがある。ステロイドホルモンは，コレステロールから合成され，副腎皮質や性腺から分泌される。

　水溶性ホルモンは，細胞膜を自由に通過できないため，その受容体は細胞膜表面にあり，作用発現が速い。一方，脂溶性ホルモンは，細胞膜を通過できるためその受容体は細胞質にあり，作用発現までの時間が長く効果は持続的である。主なホルモンと標的器官，作用について表8-1に示す。

表8-1　主な内分泌器官とホルモンおよびその標的器官と作用

分泌器官	ホルモン	標的器官	主な作用
松果体	メラトニン	視床下部，下垂体前葉	既日リズムの調節
視床下部	副腎皮質刺激ホルモン放出ホルモン（CRH） 甲状腺刺激ホルモン放出ホルモン（TRH） 成長ホルモン放出ホルモン 成長ホルモン抑制ホルモン プロラクチン抑制ホルモン 性腺刺激ホルモン放出ホルモン	下垂体前葉 下垂体前葉 下垂体前葉 下垂体前葉 下垂体前葉 下垂体前葉	ACTH 分泌細胞の刺激 TSH，GH 分泌細胞の刺激 GH 分泌細胞の刺激 GH 分泌細胞の抑制 PRL 分泌細胞の抑制 ゴナドトロピン分泌細胞の刺激
下垂体前葉	副腎皮質刺激ホルモン（ACTH） 甲状腺刺激ホルモン（TSH） 成長ホルモン（GH） プロラクチン（PRL） 性腺刺激ホルモン	副腎皮質 甲状腺 全身 乳腺 卵巣，精巣	副腎皮質ホルモンの分泌 甲状腺ホルモンの分泌 全身の組織の発育・発達など 乳腺の発達 生殖機能の発育促進
下垂体後葉	バソプレッシン（ADH） オキシトシン	腎臓 子宮，乳腺	腎臓での水の再吸収促進 子宮筋の収縮など
甲状腺	サイロキシン カルシトニン	全身 骨，腎臓	代謝亢進，熱産生など 骨吸収抑制（破骨細胞活性抑制）
副甲状腺	パラソルモン	骨，腎臓	骨吸収促進（破骨細胞活性）
副腎皮質	糖質コルチコイド（コルチゾール） 電解質コルチコイド（アルドステロン）	全身 腎臓	肝臓における糖新生 腎臓における Na$^+$ と水の再吸収
副腎髄質	アドレナリン ノルアドレナリン	全身 全身	心機能促進，血圧上昇など
膵臓	インスリン グルカゴン	全身 肝臓	血糖値低下 血糖値上昇
卵巣	エストロゲン プロゲステロン	生殖器，乳腺 生殖器，乳腺	生殖器の発育，皮下脂肪蓄積 子宮内膜，乳腺の発達
精巣	テストステロン	生殖器，骨格筋	生殖器の発達，タンパク同化作用

　自律機能は，発育・発達，生体の内部環境を不随意的（自律的）に調節し，内分泌系（ホルモン系）と自律神経系によって支配されている。特に，自律機能はホルモンによってゆっくりと調節される。自律神経系の経路は末梢神経であり，作用の伝達速度が速い。一方，ホルモン系の経路は血液

循環であり，その作用の伝達速度は緩やかである。表8-2は，両者の特徴をまとめたものである。

表 8-2　内分泌系と自律神経系の作用

	作用経路	作用の伝達速度	作用の時間的変化率	主な作用
内分泌系	血液循環系	遅い	小さい	成長，性的成熟など
自律神経系	末梢神経系	速い	大きい	血圧，心機能，消化器系運動など

(1) 視床下部ホルモン

　神経系と内分泌系の機能的な連携は，視床下部（hypothalamus）を中心として行われており，この機能的連携を神経内分泌系という。視床下部は内臓諸器官や情緒，性機能の調節に関与する（図8-2）。視床下部と下垂体前葉は，下垂体門脈から連絡があり，視床下部で合成された視床下部ホルモンが下垂体前葉の機能を調節している。視床下部ホルモンの標的器官は下垂体前葉であり，下垂体前葉ホルモンの分泌を調節する。

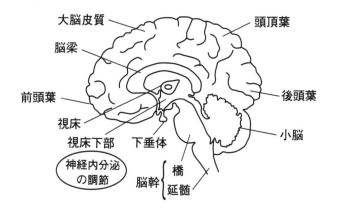

図 8-2　脳の各部位と神経内分泌系

(2) 下垂体前葉ホルモン・下垂体後葉ホルモン

　下垂体前葉から成長ホルモン，副腎皮質刺激ホルモン（adrenocorticotropic hormone:ACTH），甲状腺刺激ホルモン（thyroid stimulating hormone:TSH）などが分泌される。成長ホルモンはタンパク質の合成を促し，骨や筋肉づくりに貢献する。

　下垂体後葉からバソプレッシン（抗利尿ホルモン）（antidiuretic hormone: ADH）とオキシトシンが分泌される（図8-3）。バソプレッシンは腎臓に作用し，尿量を減少させる。

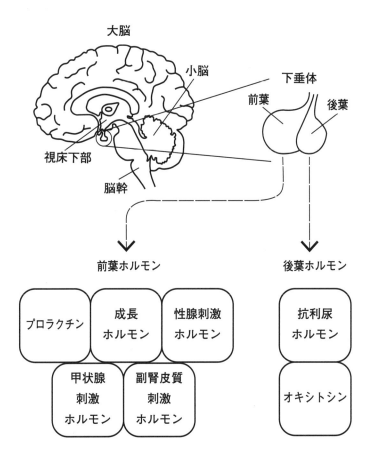

図 8-3　下垂体から分泌される主なホルモン

(3) その他のホルモン

①甲状腺と副甲状腺

　甲状腺から甲状腺ホルモンが分泌され，その標的器官は広範であり，熱産生や代謝を促進させる。また，甲状腺からカルシトニン，副甲状腺からパラソルモンが分泌され，それぞれ血中 Ca^{2+} 濃度の調節に関与する。カルシトニンは Ca^{2+} 濃度を低下させ，パラソルモンは Ca^{2+} 濃度を上昇させる。

②副腎皮質

　副腎皮質からコルチゾール（糖質コルチコイド），アルドステロン（電解質コルチコイド）などが分泌される（図 8-4）。コルチゾールは，主に肝臓において糖新生を促進する。アルドステロンは腎臓に作用し，Na^+ と水の再吸収を促進し，血圧を上昇させる。

③副腎髄質

　副腎髄質は交感神経節とよく似ている。交感神経の節前線維が副腎髄質

に達しており，交感神経が亢進するとカテコールアミン（アドレナリンとノルアドレナリン）が分泌される（図 8-4）。

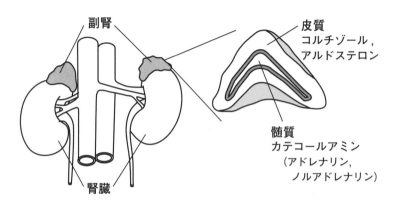

図 8-4　腎臓と副腎の位置，副腎皮質と副腎髄質から分泌されるホルモン

④膵臓

　膵臓のランゲルハンス島の β 細胞からインスリンが，α 細胞からグルカゴンが分泌される（図 8-5）。インスリンは血糖の細胞内への取込みを促進し，血糖値を低下させる。一方，グルカゴンは肝グリコーゲンを分解し，血糖値を上昇させる作用がある。

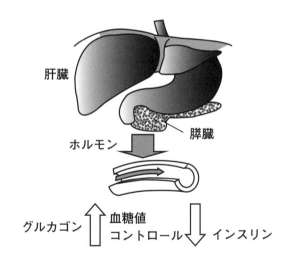

図 8-5　膵臓から分泌されるホルモン

⑤性腺

　卵巣から女性ホルモンのエストロゲンとプロゲステロンが分泌され，精巣からは男性ホルモンのテストステロンが分泌される。エストロゲンは，女性生殖器の機能維持・促進，第二次性徴の発現などに関与する。テストステロンは，男性生殖器の機能維持・促進，第二次性徴の発現，精子形

成，骨格筋におけるタンパク質同化作用を促進する。これらの性ホルモンは，下垂体前葉からの性腺刺激ホルモン（ゴナドトロピン）によって調節される。性腺刺激ホルモンは，卵胞刺激ホルモン（follicle-stimulating hormone:FSH）と黄体形成ホルモン（luteinizing hormone:LH）があり，性腺の発達と活動を調整する。

8-1-3. ストレスと内分泌反応
（1） セリエの全身適応症候群

　人の健康な体は，各種の有害作用因子に対して生存のための適応反応が維持されなくなったときに病態となる。これは，ハンス・セリエ（Hans Selye, 1907-1982）が，ストレスに関する基礎的な動物実験研究の論文を人に置き換えた内容であり，生体は各種のストレス刺激（ストレッサー）の質的，量的，時間的な変化に対応して適応反応を発動させながら的確に生存を図っているが，その限界を超えたときに病態に陥るというものである（図 8-6）。

　全身適応症候群は大きく 3 つの時期に分類できる。第 1 の時期は警告反応期，第 2 の時期は抵抗期，第 3 の時期は疲憊期である。警告反応期はさらにショック相と反ショック相に分けられる。ショック相は生体がストレッサーにさらされたときの反応であり，体温や血圧，血糖値などが低下する。ストレッサーに対して適応すると反ショック相ではショック相と反対の反応が生じ，種々のストレッサーに対して抵抗力が増加する。抵抗期では，持続するストレッサーに対して生体が内分泌反応によって一定の抵抗力を維持し，安定した抵抗力を獲得した時期といえる。抵抗期を越えてなおストレッサーが長期にわたり持続すると，抵抗できなくなり破綻してしまう。この時期が疲憊期であり，内分泌反応も低下し，様々な疾患があらわれる。

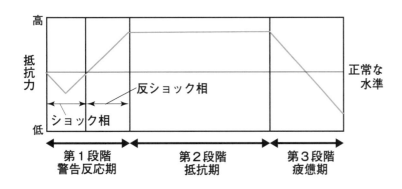

図 8-6　セリエの全身適応症候群

(2) 視床下部－下垂体－副腎軸

　視床下部－下垂体－副腎軸（hypothalamic-pituitary-adrenal axis: HPA 軸）のホルモンは，ストレス反応で重要な役割を果たす。ストレス信号が視床下部に伝わると，副腎皮質刺激ホルモン放出ホルモン（corticotropin releasing hormone：CRH）の分泌が促進され，交感神経が興奮する。CRHは，下垂体前葉からの副腎皮質刺激ホルモン（ACTH）の分泌を促進し，ACTHは副腎皮質からコルチゾールの分泌を促進する（図8-7）。コルチゾールは，糖代謝と脂質代謝を活性化し，免疫応答や炎症反応を抑制する。また，交感神経の亢進は，副腎髄質からアドレナリンの分泌を促進し，心臓血管系の反応を亢進させる。

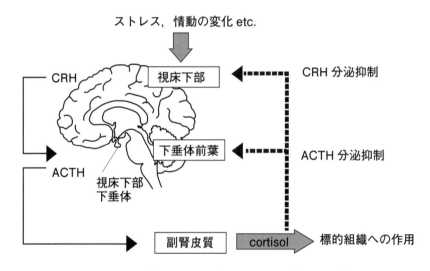

図 8-7　視床下部－下垂体－副腎軸（HPA 軸）

8-2. 運動時の内分泌反応

8-2-1. カテコールアミン，ACTH，コルチゾール

　一過性の運動によってホルモンの血中濃度は顕著な変動を示す。一般的に運動時において，インスリンを除く大部分のホルモンは，安静時と比較して濃度が増大する。ACTHやアドレナリンの血中濃度は，運動強度の増加に伴い増加し，$\dot{V}O_2$max の 50～60％を超えるあたりから急激に増加する（図8-8）。この運動強度は，LT に相当し，LT 以上の高強度運動時にコルチゾール濃度が増加することから，高強度運動はストレスであるともいえる。

　運動強度が低くても運動時間が長い場合や短時間であっても激しい運動の場合，HPA 軸のホルモン分泌が促進される。ストレスが加わると，視

床下部から CRH の分泌が促進され，交感神経が亢進する。CRH は，下垂
体前葉からの ACTH の分泌を促進し，副腎皮質からコルチゾールの分泌
を促進する。コルチゾールは，糖質および脂質代謝を促進し，交感神経は
副腎髄質からカテコールアミン（アドレナリンとノルアドレナリン）の分
泌を促進する。

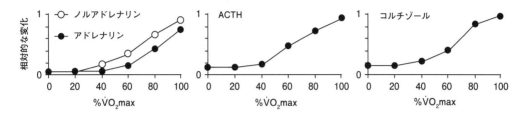

出典）健康指導士養成講習会テキスト（上），健康・体力づくり事業財団，p.203，図1（B），2014 より引用

図 8-8　運動強度の増加に伴うカテコールアミン，ACTH，コルチゾールの相対的変化

　50% $\dot{V}O_2$max よりも低い運動強度では，ノルアドレナリンとアドレナリ
ンの上昇は安静時の 2 倍程度であるが，ノルアドレナリンは脂肪組織にお
ける脂肪分解を促進し，アドレナリンは肝臓におけるグリコーゲン分解を
促進する。しかし，アドレナリンによる糖代謝の動員効果は小さいため，
低強度運動では遊離脂肪酸（free-fatty acid: FFA）が主なエネルギー源とな
る。50 ～ 75%$\dot{V}O_2$max では，カテコールアミン濃度は安静時の 4 ～ 6 倍
に上昇し，筋グリコーゲンの分解反応と脂質代謝の両エネルギー代謝が高
まる。運動強度が LT を超えると成長ホルモンやコルチゾールの分泌が急
増し，糖新生が亢進する。さらに，グルカゴンによる糖の動員も増加する。
80% $\dot{V}O_2$max を超える激運動では，カテコールアミンの血中濃度は，安静
時の 17 ～ 20 倍に達する。

8-2-2. 血糖値コントロール

　糖代謝に関与するホルモンは，グルカゴン，コルチゾール，カテコール
アミンおよびインスリンである。インスリンのみ血糖低下性に作用し，そ
れ以外は血糖上昇性に作用する。
　運動時には，下垂体前葉から成長ホルモン，副腎髄質からアドレナリン
とノルアドレナリン，副腎皮質からコルチゾール，膵臓からグルカゴンの
分泌が亢進する。いずれのホルモンも肝臓に作用してグリコーゲン分解を
促進し，血糖値を上昇させる。
　一方，インスリンは運動強度や時間に依存して分泌が低下する。これら
は，運動時に ATP 合成のためのエネルギー基質としての糖を供給しやす

い環境をつくり，血糖値の低下を防ぎ，安定した運動継続を実現するための合目的的な応答である。骨格筋への血糖の取込みは，インスリンによって促進されるが，運動中にはむしろインスリン分泌量は低下する。これは，筋収縮によるインスリン非依存的な糖輸送担体であるグルコーストランスポーター4型（GLUT4）が筋細胞膜表面に移動（トランスロケーション）し，糖の取込みを増加させていることに起因すると考えられている。

8-2-3. 中性脂肪の分解

脂質（中性脂肪）は，リパーゼのはたらきにより脂肪酸とグリセロールに分解される。運動時には成長ホルモン，アドレナリンとノルアドレナリン，グルカゴンの分泌が増大し，中性脂肪の分解が促進され，ATP合成のためのエネルギー基質としての遊離脂肪酸（FFA）が増大する。一方，インスリンは脂肪分解を抑制する。

8-2-4. 体液量の調節

体内の水分やNa^+の調節にはたらく主なホルモンは，バソプレッシン（抗利尿ホルモン）およびレニン－アンギオテンシン－アルドステロン系である。運動時には，発汗により体液が失われる。このような脱水時には，下垂体後葉からバソプレッシンと副腎皮質からアルドステロンの分泌が増大する。バソプレッシンは，腎臓の尿細管に作用して水の再吸収を促進し，尿量を減少させて体液量の喪失を防ぐ。アルドステロンは，腎臓の遠位尿細管におけるNa^+と水の再吸収を促進し，体液量の保持に貢献する。体液量の増大は，循環血液量の増大をもたらし，心拍出量と血圧の維持・増加に貢献する。

主に肝臓で生成されるアンギオテンシノーゲンは，腎の傍糸球体細胞から分泌されるレニンによってアンギオテンシンIに変換され，さらに，アンギオテンシン変換酵素（angiotensin converting enzyme: ACE）によってアンギオテンシンIIに変換される。アンギオテンシンIIは，副腎皮質に作用し，アルドステロンの分泌が促進され，腎臓の遠位尿細管におけるNa^+と水の再吸収が促進されることで，体液量が増加する。また，アンギオテンシンIIは，それ自体強い血管収縮作用をもつ。レニン－アンギオテンシン－アルドステロン系は，血圧の低下に際して昇圧系に作用する。一方，脂肪組織が過剰に蓄積すると，悪玉アディポサイトカインの1つとしてアンギオテンシノーゲンが過剰に産生・分泌され，血中濃度が増加すると，レニン－アンギオテンシン－アルドステロン系が活性化し，慢性的に血圧が高い状態となる（図8-9）。レニン－アンギオテンシン－アルドステロン系は運動強度の影響を受け，運動強度が30%，60%，80〜90%と増加す

るに伴いレニン活性とアンギオテンシンⅡ濃度が増加する（図8-10）。

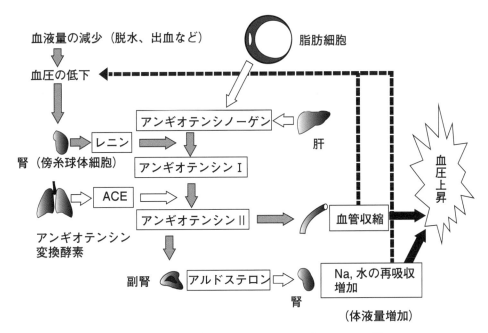

図8-9　レニン－アンギオテンシン－アルドステロン系

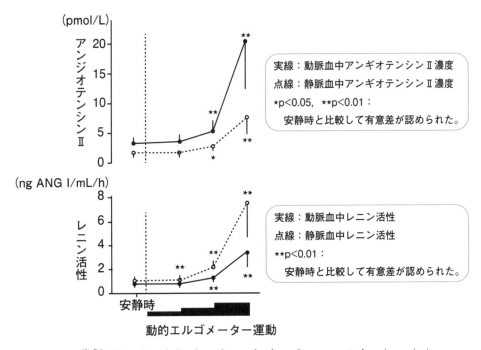

出典）Tidgren B. et al.: Renal neurohormonal and vascular responses to dynamic exercise in humans. J Appl Physiol.,70:2279-2286,1991 より引用改変

図8-10　運動強度の違いによるレニン－アンギオテンシン－アルドステロン系の変化

8-3. トレーニングによる影響

8-3-1. 成長ホルモン（growth hormone: GH）

　成長ホルモンは，骨や筋におけるアミノ酸の取込みとタンパク質合成を促進する。また，成長ホルモンはグルコース取込みを抑制し，血糖を上昇させる。さらに，成長ホルモンは脂肪分解を促進させる。

　レジスタンストレーニングと有酸素性運動を組み合わせたコンバインドトレーニングと有酸素性運動のみのプログラムの違いによる成長ホルモンと遊離脂肪酸の経時的な濃度変化をみると，レジスタンストレーニング後に有酸素性運動を行うと，有酸素性運動のみよりも成長ホルモン濃度と遊離脂肪酸濃度が増加を示す（図8-11）。これは，レジスタンストレーニングによって成長ホルモン濃度が高まり，脂肪分解が促進されたことを示唆している。このような脂肪分解が促進されている状況で有酸素性運動を行うと，効率よく脂肪を燃焼させることができる。

　長期運動トレーニングは，内分泌系に適応変化を生じさせる。成長ホルモンは，運動強度依存的に増加する。また，LT以上の運動強度で持久的トレーニングを行うと1日の成長ホルモン総量が高くなることが報告されている。しかし，LTレベルまたは，それ以下の強度の運動ではほとんど変化がみられない（図8-12）。さらに，長時間運動では，成長ホルモンの血中濃度は逆に低下していく。このような成長ホルモンの低下は，運動によって初期増加した成長ホルモン自身のフィードバックによってさらなる増加が抑制されると考えられている。

　ホルモン分泌には日内変動があるが，LT以上の運動強度で1年間トレーニングすると，成長ホルモンの分泌が増加する。

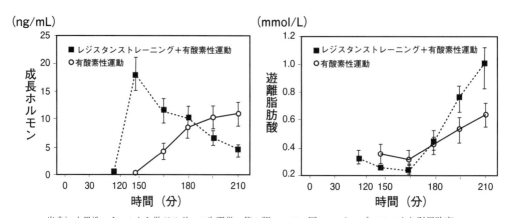

出典）中里浩一ら，1から学ぶスポーツ生理学，第2版，p108，図7-7，ナップ，2016より引用改変

図8-11　トレーニングプログラムの違いによる成長ホルモン濃度と遊離脂肪酸の経時的変化

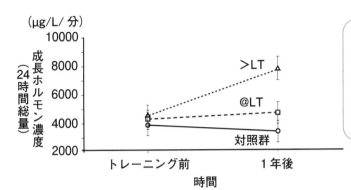

出典）A. Weltman, J. Y. Weltman, R. Schurrer, W. S. Evans, J. D.Veldhuis, and A. D. Rogol,Endurance training amplifies the pulsa-
tile release of growth hormone: effects of training intensity, J.Appl. physiol.,72,2188-96,1992 より引用改変

図 8-12　　1 年間のトレーニングが成長ホルモン濃度（24 時間総量）に及ぼす影響

8-3-2. インスリン

　特に，持久的トレーニングはインスリン感受性を亢進させ，運動中のイ
ンスリン分泌の低下を増大させる（図8-13）。このことは，運動中にグリコー
ゲンなどの糖質や脂肪酸がエネルギー基質として利用されやすくなること
から合目的的な適応変化である。

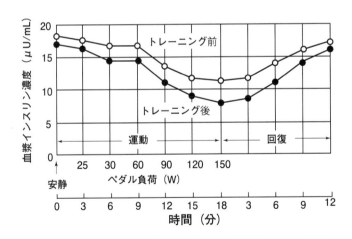

出典）小山勝弘ら，運動生理学，p68,図 7-6，三共出版，2013 より引用

図 8-13　　運動中，および運動後の血漿インスリン濃度のトレーニング
　　　　　による変化

8-3-3. カテコールアミン

　カテコールアミン（アドレナリンとノルアドレナリン）は，同一絶対強
度の運動に対する分泌量が持久的トレーニングによって顕著に低下するこ

とが報告されている（図 8-14）。この応答は，運動適応によりこれまでの運動強度が相対的に低下し，交感神経副腎応答により最大下運動時の徐脈や血圧上昇の抑制をもたらすと考えられる。

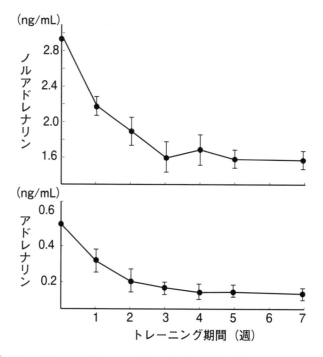

出典）Winder, W.W., et al.: Time course of sympathoadrenal adaptations to endurance exercise training in man. J. Apl. Physiol., 45: 370, 1978 より引用改変

図 8-14　トレーニングによる一過性運動中の血漿カテコールアミン濃度変化

8-3-4. 性ホルモン

　テストステロンは，運動強度依存的に分泌が促進される。加齢に伴いテストステロン分泌量は減少するが，高齢者であっても運動による血中濃度は増加する。女性では，エストロゲンとプロゲステロンも運動によって増加する。しかし，疲労困憊に達するような激運動や長時間運動後には，これらの性ホルモンの血中濃度は低下する。

　レジスタンストレーニングは，骨格筋におけるタンパク質合成反応を高め，筋肥大が生じるが，男性ホルモンのテストステロン濃度の上昇と関連がある。また，レジスタンストレーニングのプログラムの違いによってその濃度変化も異なることが報告されている。1回最大挙上重量（1 repetition maximum: 1RM）の 100 %，つまり，100 % 1RM を 20 セットと 70 % 1RM × 10 回 × 10 セットで比較すると，後者の方がトレーニングによるテストステロン濃度の増加が大きい（図 8-15）。これは，1回あたりの重

量よりも回数とセット数の積による容量が大きいことが筋肥大の重要な要
因であることを示唆している。

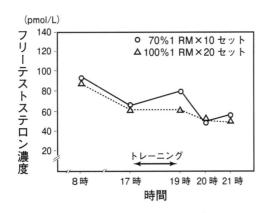

出典）中里浩一ら，1から学ぶスポーツ生理学，第2版，p108，図
7-6左，ナップ，2016より引用

図 8-15　トレーニングプログラムの違いによる血中テストステロン濃
　　　　度の変化

　一方，持久的トレーニングを積んだ長距離ランナーは，安静時のテスト
ステロン分泌が低下することが報告されている。高強度運動トレーニング
を行う女子競技選手に多くみられる月経異常は，性腺刺激ホルモンや女性
ホルモン分泌抑制が関与していると考えられている。スポーツに伴う月経
異常の多くは周期の乱れであり，希発月経（30〜90日）や無月経（90日
以上）は，日頃運動を行わない一般女性では数％であるのに対して，スポー
ツ選手では10％を超えている。

　月経周期に影響を及ぼす因子として，運動の強度や量などによる運動ス
トレス，栄養バランス，体重減少や体脂肪率の減少，精神的・心理的スト
レスなどがあげられ，これらの要因が，視床下部−下垂体−卵巣系のホル
モン分泌に異常を来しているものと考えられる。特に，運動性無月経は長
距離ランナーとバレエダンサーに多いことが知られている。

　視床下部−下垂体−卵巣系の異常が長期に渡ると無月経を引き起こし，
生殖能力を低下させる。さらに，エストロゲン分泌が低下するために骨粗
鬆症の発症リスクを高める危険性もある。実際，無月経の長距離ランナー
に疲労骨折や骨粗鬆症が多いという報告もある。このように，長期の高強
度運動によってホルモン分泌バランスに異常が生じることもある。

コラム：運動には順番がある

　基本的にトレーニングは,目的と優先順位がある。有酸素性運動だけでなく,筋力トレーニングを組み合わせるとより脂肪燃焼効果が高まる。筋力トレーニングを行うと，成長ホルモンの分泌が促進され，体温上昇とともに脂肪分解酵素のリパーゼが活性化し，中性脂肪が分解されて血中に遊離脂肪酸が放出される。そのタイミングで有酸素性運動を行うとより脂肪燃焼効果が高まり，ダイエットに効果的である。

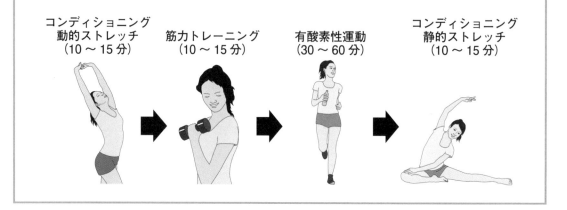

コンディショニング　　　　　　　　　　　　　　　　　　　　　　　　　　コンディショニング
動的ストレッチ　　　　　　筋力トレーニング　　　　有酸素性運動　　　　静的ストレッチ
（10〜15分）　　　　　　　（10〜15分）　　　　　（30〜60分）　　　　（10〜15分）

確認問題

問1　ホルモンについて，正しいのはどれか。2つ選べ。

a. 内分泌器官は，血液中にホルモンを分泌する。

b. インスリンは，血糖値を上昇させる。

c. 神経内分泌系は，大脳皮質が中心的な役割を担っている。

d. カテコールアミンは，副腎皮質から分泌される。

e. コルチゾールは，ストレスホルモンである。

問2　運動時の内分泌反応について，誤っているのはどれか。2つ選べ。

a. 運動時には，インスリンを除く大部分のホルモン分泌が増加する。

b. 運動強度の増加に伴いノルアドレナリンの分泌が促進する。

c. レジスタンス運動は，テストステロン濃度を増加させる。

d. 持久的トレーニングによって，インスリン感受性が低下する。

e. LT以下の運動強度でトレーニングを行うと，成長ホルモン分泌が促進される。

参考文献

1)加賀谷淳子（編）：女性とスポーツ，朝倉書店，1998.

2)川中健太郎：運動と骨格筋GLUT4，学術の動向，10, pp.42-46，2006.

3)健康運動指導士養成講習会テキスト（上），（公財）健康・体力づくり事業財団，2014.

4）河野友信，石川俊男（編）：ストレスの事典，朝倉書店，2006.

5）小山勝弘，安藤大輔（編著）：運動生理学，三共出版，2013.

6）セリエ著，杉靖三郎（訳），現代社会とストレス，法政大学出版局，東京，1988.

7）田中喜代次，西平賀昭，征矢英昭，大森肇（監訳）：運動生理学大事典，西村書店，2017.

8）竹宮　隆，石河利寛（編）：運動適応の科学，杏林書院，1998.

9）中里浩一，岡本孝信，須永美歌子：1から学ぶスポーツ生理学，ナップ，2016.

10）冨樫健二（編）：スポーツ生理学，化学同人，2014.

11）本郷利憲，廣重力，豊田順一（監修）：標準生理学，第6版，医学書院，2007.

12）真島英信：生理学，文光堂，2016.

13）Selye, H: The stress of life（revised edition）, McGrow-Hill Book Company, Inc., New York, 1976.

14）Tidgren B et al.: Renal neurohormonal and vascular responses to dynamic exercise in humans, J Appl Physiol, 70: 2279-2286, 1991.

15）Weltman A et al.: Endurance training amplifies the pulsatile release of growth hormone: effects of training intensity, J Appl Physiol, 72: 2188-2196, 1992.

16）Winder W et al.: Time course of sympathoadrenal adaptation to endurance exercise training in man, J Appl Physiol, 45: 370-374, 1978.

第9章
運動と免疫系

概要

　私たちは細菌やウイルスなどに曝されているが，生体には体外から侵入する異物などを排除し，恒常性を維持するための防御機構（免疫機能）が備わっている。一方，免疫応答の異常によって食物アレルギーや花粉症，ハウスダストなどのアレルギー疾患を引き起こすこともあり，免疫応答は功罪二面性がある。この章では，免疫系の主なはたらきについて理解し，体力や身体活動と感染リスクとの関連性について，さらに適度な運動が免疫能の向上に有効であることを学び，得られた知識を日常生活に応用する。

9-1.免疫系

9-1-1.生体の防御機構

　免疫とは，体外から侵入した微生物や異物，あるいは体内に生じた異常物質や老廃物，病的細胞などを排除し，恒常性（ホメオスタシス）を維持しようとする生体の防御反応の仕組みのことである。病原体に対する生体防御機構として，免疫系が機能する前に皮膚や粘膜，唾液などの物理的バリアが重要な役割を担っている。外界と直に接している皮膚は，角質などによって，鼻・口・喉などは粘膜に覆われ，粘膜表面にある粘液は殺菌物質などによって細菌やウイルスが体内へ侵入するのを防いでいる（図9-1）。

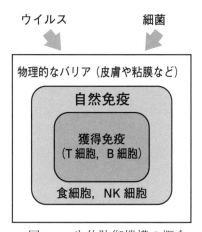

図9-1　生体防御機構の概念

9-1-2.食細胞

　細菌などの異物が物理的バリアを突破すると，次の防御機構がはたらく。免疫系を構成する細胞は白血球であり，食細胞とリンパ球に大別される。食細胞はアメーバのように動き異物を捕捉して細胞内に取り込み，分解する食作用（貪食）をもち，好中球，単球，マクロファージなどがある。

　好中球は，活性酸素などの殺菌物質を産生し，異物に対して殺菌作用をもつ。好中球の食作用は，一部の細菌などに限定されるが，マクロファージは相手を選ぶことなく異物を取り込む。単球は，組織に侵入し，分化してマクロファージになる。マクロファージが効率よく異物を処理するためには，リンパ球の関与が必要である（図9-2）。

9-1-3.リンパ球

　リンパ球から産生分泌されるリンホカイン※は，マクロファージを活性

※リンホカイン（lymphokine）
サイトカインは主に免疫系細胞から分泌されるタンパク質であり，ホルモン様の作用がある。サイトカインには多くの種類があり，リンパ球から産生されるものをリンホカインといい，インターロイキン（interleukin:IL）がある。

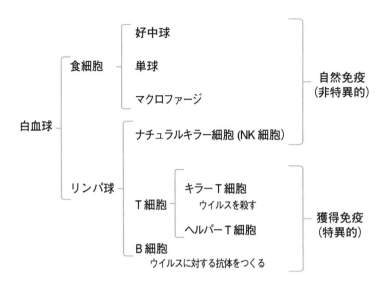

図 9-2　免疫系を構成する細胞

化させ，殺菌力を高める。リンパ球は，ナチュラルキラー細胞（NK 細胞），T リンパ球（T 細胞），B リンパ球（B 細胞）などがあり，これまでの過程で異物が処理されない場合，抗体（antibody）をつくり，高次の免疫応答によって排除される。

9-1-4.リンパ系

　リンパは，毛細血管から漏出した血漿成分が間質液となり，それが毛細リンパ管に吸収されたものであり，最低でも 1 つのリンパ節を通過し，細菌や異物などが取り除かれてから静脈系に注ぎ込む。成人の 1 日のリンパ流量は，約 2 〜 4L であり，日内変動は激しく，睡眠中は少ないが，覚醒時や運動時に多い。運動時，四肢からのリンパ流量は安静時の 4 〜 20 倍に増加する。また，細菌感染や組織損傷時にはリンパ流量が増加する。

　リンパ節には，リンパ球やマクロファージが多数存在し，生体内に侵入してきた細菌や異物などを認識して血液循環内に入らせないためのフィルター作用を有する。リンパ節の細網内皮系細胞は，侵入物質のほとんどを貪食し，免疫反応を作動させる。

　骨髄や胸腺はリンパ球を産生する一次リンパ器官であり，リンパ節や扁桃，パイエル板，脾臓などの免疫反応を行う器官を二次リンパ器官という（図 9-3）。

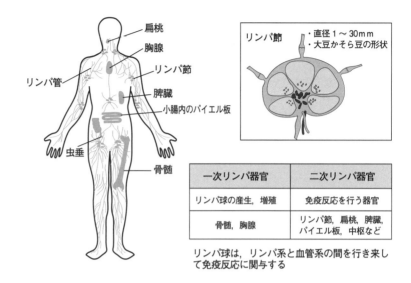

図 9-3　リンパ系：一次リンパ器官と二次リンパ器官

9-2.自然免疫と獲得免疫

　　免疫系は，自然免疫と獲得免疫に分類される（表 9-1）。自然免疫は生体が先天的にもっている免疫系であり，病原体などの構造を認識して迅速に応答する生体防御の基本型であり，食細胞やNK 細胞による初期応答などである。NK 細胞は，大型のリンパ球であり，ウイルス感染細胞や腫瘍細胞に結合し，細胞を溶解する。

　　獲得免疫は高等動物にのみ存在する複雑な免疫系であり，自然免疫による排除を逃れた異物（主にウイルス）に対して特定の型（抗原：antigen）を認識する抗体を後天的につくりだして特異的に応答する（抗原抗体反応[※]）。抗原は，抗体をつくらせてその抗体と特異的に結合する。抗原となる主要なものにタンパク質，多糖類，核酸，リン脂質などがあり，細菌やウイルスなどの微生物は，これらの成分をもつため抗原となりえる。

※抗原抗体反応
生体内に異物（抗原）が侵入するとその抗原と特異的に反応する物質（抗体）が作られ，抗原と抗体との特異的な反応を抗原抗体反応という。

表 9-1　人の生体防御系

自然免疫（先天的）		獲得免疫（後天的）
第一防御 （体表面のバリア）	第二防御（初期応答）	第三防御（特異的）
皮膚 粘膜 皮膚・粘膜からの分泌物	食細胞 ＮＫ細胞 炎症 発熱	体液性免疫 細胞性免疫

　抗体は，免疫グロブリン（immunoglobulin: Ig）とよばれ，鍵と鍵穴の対応関係で抗原と 1：1 で特異的に結合する。人では，IgG，IgA，IgM，IgD，IgE の 5 種類ある。IgG は，血中に最も多く（約 70%），胎盤を通過できるので，胎児・新生児を感染から防いでいる。IgA は，血中で 2 番目に多く（10 ～ 20%），唾液や腸液，鼻汁などの外分泌液に多く含まれ，気道や消化管の内表面での感染防止に役立っている。

9-3.体液性免疫と細胞性免疫

　獲得免疫は，抗体をつくる体液性免疫と細胞が直接に相互作用する細胞性免疫の 2 つに分類される（図 9-4）。体液性免疫は血液や組織内で行われ，リンパ球の B 細胞を中心に機能する。生体に侵入した抗原は樹状細胞に取り込まれ，ヘルパー T 細胞が B 細胞を活性化させて抗原に対する抗体を産生させ，抗体は抗原と結合する（抗原抗体反応）。活性化した B 細胞の一部は，記憶細胞として長期保持され（免疫記憶※），二度目以降の侵入に対して即座に応答する。このような免疫学的記憶を通して，ワクチン※を接種することによって後天的に得られた感染抵抗力などがインフルエンザなどの予防に活用される（能動免疫※）。

　一方，細胞性免疫はヘルパー T 細胞が指令を出し，マクロファージや NK 細胞，キラー T 細胞などが細胞内の病原体に対して直接的に攻撃するものであり，抗体や免疫記憶は関与しない。活性化された T 細胞による特異的な細胞性免疫応答が生じるには，抗原刺激後 2 ～ 3 日必要とされる。

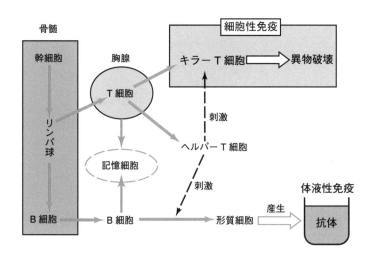

図 9-4　リンパ球（T 細胞と B 細胞）

※免疫記憶
同じ抗原（病原体）が再び侵入した際に記憶 B 細胞が素早く応答して感染を阻止することから免疫記憶とよばれる。

※ワクチン（vaccine）
ワクチンは，「一度かかった伝染病（感染症）には二度かからないか，かかっても軽症で回復する」という予防法である。ワクチンには，病原性を弱毒化した生ワクチンや病原性をなくした不活化ワクチンなどがある。代表的なものにインフルエンザワクチンや麻疹・風疹混合ワクチンなどがある。

※能動免疫
予防接種のように抗原を接種して免疫応答を利用し，体内で抗体を作らせることで免疫を獲得する方法を能動免疫という。一方，受動免疫は抗体を製剤として投与することで免疫を獲得する方法である。

9-4.免疫系の異常

　個体の正常な構成成分（自己）は，本来，免疫系が攻撃してはならない
ものであるが，免疫系の自己と非自己の識別能力は，T細胞が胸腺で分化
する過程で獲得される。自己に対する免疫異常として自己免疫疾患があり，
免疫抗体が自分自身の細胞や組織に対してつくられ，あるいは自分自身に
対する細胞性免疫反応が起こる。一般的に金属や薬剤，ウイルスなどの外
来物質に自身のタンパク質が反応・変質することによって抗原化すると考
えられている。

　非自己とは自己以外の異物を指し，細菌やウイルスなど体外から侵入す
る外来性抗原とがん細胞などの体内で生じた内因性抗原があり，恒常性を
維持するためにはいずれも排除すべき物質である。非自己に対して十分に
免疫反応が機能しない状態を免疫不全とよび，病原体の感染を受けやす
くなる（易感染性）。免疫不全には先天性のものとヒト免疫不全ウイルス
（human immunodeficiency virus: HIV）に感染して発症する後天性免疫不全
症候群（acquired immunodeficiency syndrome: AIDS）がある。

　一方，非自己に対する過剰な免疫応答としてアレルギーがあり，花粉に
対して鼻炎症状などを引き起こす花粉症やハウスダストなどに対する気管
支喘息，青魚などに対するじん麻疹などの過敏なアレルギー反応が生じる
ことがある。アレルギーの原因物質をアレルゲンとよび，自己の成分では
なく，外部の異物に対して過剰にはたらくことによって生じる。したがっ
て，アレルギーと自己免疫疾患はその機序が異なる。アレルギーは，抗原
抗体反応の1つであり，免疫グロブリンのIgEが関与する（図9-5）。

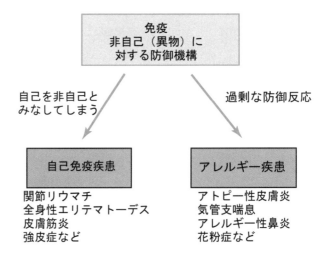

図9-5　免疫系の異常

　アレルギーでは，抗原にはじめて接触することによって感作され（アレルギー化），続いて抗原に暴露されると正常な組織が破壊される。

　短時間に全身に複数の症状が強く現れるアレルギー反応をアナフィラキシーとよび，大量に放出されたヒスタミンが血流を介して胃腸障害や気管収縮による呼吸困難を引き起こす。特に，急激な血圧低下により意識を失うなどのショック症状がみられるときは，生死にかかわる危険な状態である（図9-6）。したがって，免疫応答は功罪二面性があり，免疫系が異物に対して過不足なく適切に維持・制御されることが疾病の予防にとって重要である。

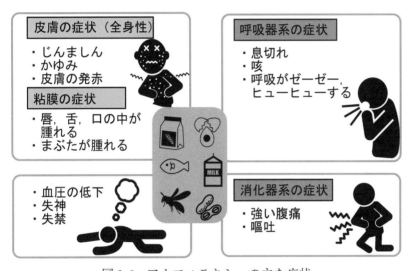

図 9-6　アナフィラキシーの主な症状

9-5.運動と免疫能

9-5-1.身体活動と免疫能

　適度な運動によって風邪や感染症などの発症リスクは減少するが，マラソンのような激運動は一時的に免疫機能を低下させ，感染症を発症しやすくすることが明らかにされており，運動と感染症の関係については，Jカーブモデルが提唱されている（図9-7）。

　適度に運動習慣がある者は，運動習慣のない者と比較して感染リスクが低く，過度の運動習慣をもつ者では逆にリスクが増大する。つまり，適度な運動を行うことで免疫機能が亢進し，感染予防に役立つ可能性が期待できる。適度な運動の長期的影響として，気道や気管支の急性炎症の発症頻度が減少することが報告されており，その機序にはNK細胞の活性やリンパ球の増殖が関与している。

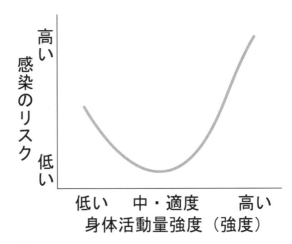

出典）Nieman, DC: Upper respiratory tract infections and exercise, Thorax,50: 1229-1231, 1995 より引用改変

図 9-7　身体活動量と免疫系の関係

9-5-2. 一過性運動と免疫能

　運動によって白血球数は一過性に増加し，この変動は運動強度と運動の持続時間に依存する。

　短時間・高強度の急性運動時に最も鋭敏に反応するのは NK 細胞である。NK 細胞は，最大運動直後には 5 倍程度に上昇するが，運動終了後には運動開始前の約半分にまで減少する。運動中に T 細胞も増加するが，2 時間以上のランニングでは半減することが報告されている。適度な運動ではマクロファージの活性が高まるが，疲労困憊に至るような激運動ではその機能が低下する。運動による白血球の増加には，カテコールアミンの分泌上昇が関連していると考えられている。また，一過性高強度運動による NK 細胞の低下には，コルチゾールなどストレスホルモンの分泌亢進が関係している。

　免疫グロブリンは，通常の運動では影響は受けないが，マラソンのような激運動後には著しく低下する。粘膜における免疫は，物理的粘膜バリアが粘膜下への侵入を阻止する。粘膜系の免疫能の指標として，唾液中の IgA が利用されるが，高強度トレーニングによって IgA 濃度が低下する。唾液中の IgA は，口腔粘膜免疫として重要な役割をもち，病原体が粘膜上皮に定着することを防いでいる。

　したがって，激運動後には数時間にわたり免疫機能が一過性に低下することから，病原体に対して窓を開放する例えとしてオープンウィンドウ説といい，一時的に感染リスクが高まると考えられている（図 9-8）。実際，マラソンなどの長時間の激運動後には，上気道感染症の発症率が高い。一方，中等度強度の運動では感染リスクを低下させる。

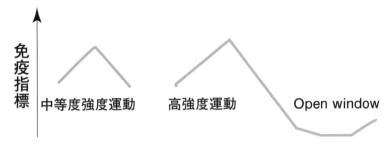

出典）Pederson BK et al.: Recovery of the immune system after exercise, Acta Physiol Scand, 162: 325-332, 1998 より引用改変

図 9-8　オープンウィンドウ説

9-5-3. 運動トレーニングと免疫能

　アスリートは，一般的に皮膚・粘膜などの感染症が多く，その主な要因として暑熱，寒冷，乾燥，紫外線などといった環境要因に加えて，運動やスポーツ活動中の接触，外傷など様々なストレッサーを受けることが多くなることと関係している。アスリートに多い皮膚感染症として，コンタクトスポーツにおけるヘルペスウイルスによる皮疹やパピローマウイルスによる手足のイボなどがある。

　運動時には呼吸数が増加し，ウイルスなど多くの病原体が気道に侵入しやすくなり，運動中には口呼吸により気道粘膜が乾燥・冷却され，粘液の粘度が増加して繊毛運動も低下することで感染リスクも高くなる。アスリートでは，上気道感染（かぜ症候群）の頻度が一般人よりも 3 倍高く，マラソンのような長距離選手では，競技終了後 2 週間に 50 〜 70％の選手がかぜ症状を訴えるという。また，遠征時の腹痛や下痢症状もウイルスや細菌に対する免疫・抵抗力が低下しており，急性胃腸炎などを起こしやすい。さらに，アスリートは団体行動や集団生活の機会が多く，物品の共有なども病原体の伝播しやすい環境の 1 つであり，感染症を起こしやすいため，手洗いとうがいの励行，マスクの着用など感染症予防対策が重要である。

　一方，適度な運動習慣は，大腸がんのリスクをほぼ確実に下げ，肺がんと乳がんのリスクを下げる可能性があることが疫学的研究により報告されている。そのメカニズムは明らかにされていないが，NK 細胞の活性やリンパ球の増殖，マクロファージ機能の向上などが報告されている。さらに，有酸素性運動は炎症性サイトカインの TNF-α※を低下させ，動脈硬化性疾患の発症リスクを下げることが明らかにされている。したがって，適度な運動習慣は免疫能を高め，感染症や動脈硬化性疾患などの生活習慣病の予防と改善に有効であるといえる。

※ TNF-α
単球やマクロファージ，T 細胞から産生される炎症性サイトカインであり，動脈硬化の促進やインスリン抵抗性などを引き起こす。

コラム：「笑い」と「ユーモア」の力

　自己免疫疾患の1つであるリウマチ患者を対象に落語鑑賞前後で内分泌ホルモンと免疫系，痛みの主観的強度を調べた研究において，「笑い」を体験すると痛みの感覚が有意に低下し，ストレスホルモンのコルチゾールも有意に低下した。また，免疫系のNK活性が有意な上昇を示したことから，「笑い」が補助的治療や患者のQOLの向上に有効であるといえる。涙が出るくらい腹を抱えて笑った後は，気分がすっきりする。「笑い」には糖尿病患者の食後血糖値の低下効果があり，その機序は笑いによって生じる腹筋運動が影響している可能性があるらしい。人を笑わせる「ユーモア」にも様々な健康効果が期待される。

確認問題

問1　免疫のはたらきについて，正しいのはどれか。2つ選べ。
a. 免疫機能が低下すると，感染症のリスクも低下する。
b. 免疫系を構成する細胞は，赤血球である。
c. 抗原は，免疫グロブリンとよばれる。
d. 体液性免疫の特徴は，抗原抗体反応である。
e. 抗原抗体反応の免疫記憶が，ワクチンの予防接種に活用されている。

問2　運動と免疫のはたらきについて，誤っているのはどれか。2つ選べ。
a. 身体活動量と感染症のリスクの関係は，直線的な線形関係にある。
b. 運動によって白血球数が一過性に増加する。
c. 激運動後には，免疫グロブリンが増加する。
d. アスリートは，上気道感染のリスクが一般人よりも高い。
e. 適度な運動によって，免疫能の向上が期待される。

参考文献

1) 伊藤俊，田中秀樹，大森安恵：笑いによる血糖値の変化についての検討，東京女子医科大学雑誌，86：191-197，2016.
2) 桑名俊一，荒田晶子（編）：生理学，理工図書，2017.
3) 健康運動指導士養成講習会テキスト（上），（公財）健康・体力づくり事業財団，2014.
4) 小山勝弘，安藤大輔（編著）：運動生理学，三共出版，2013.
5) 本郷利憲，廣重力，豊田順一（監修）：標準生理学，第6版，医学書院，2007.
6) 吉野愼一，吉野槇一，中村洋，判治直人，黄田道信：関節リウマチ患者に対する楽しい笑いの影響，心身医学，36：560-564，1995.
7) Mora-Ripoll R: The therapeutic value of laughter in medicine. Altern Ther Health Med, 16: 56-64, 2010.

8）Nieman D: Upper respiratory tract infections and exercise. Thorax, 50: 1229-1231, 1995.

9）Pedersen B,T. Rohde and K.Ostrowski: Recovery of the immune system after exercise. Act Physiol Scand, 162: 325-332, 1998.

確認問題解答

第1章
問1　b, e
問2　d
問3　c, e

第2章
問1　e
問2　b
問3　a, c

第3章
問1　b, c
問2　a
問3　c, d

第4章
問1　b, c
問2　a, b
問3　a, d
問4　c, e

第5章
問1　b, d
問2　a, d
問3　b, e

第6章
問1　c
問2　b
問3　c, d
問4　a, b
問5　b, d

第7章
問1　a, e
問2　c, d
問3　b

第8章
問1　a, e
問2　d, e

第9章
問1　d, e
問2　a, c

索引

【著者紹介】

内山　秀一（うちやま　しゅういち）（2章，3章）
最終学歴：東海大学大学院医学研究科博士課程生体構造機能系専攻
学位：博士（医学）
現職：東海大学体育学部体育学科　教授

野坂　俊弥（のさか　としや）（6章）
最終学歴：筑波大学大学院修士課程体育研究科健康教育学専攻
学位：博士（スポーツ医学）
現職：東海大学体育学部生涯スポーツ学科　教授

八田　有洋（はった　ありひろ）（1章，4章，5章，7章，8章，9章）
最終学歴：筑波大学大学院博士課程体育科学研究科体育科学専攻
学位：博士（学術）
現職：東海大学体育学部生涯スポーツ学科　教授

スポーツと運動の生理学
実践・指導の現場に役立つ知識と応用

2020年9月7日　　初版第1刷発行
2022年8月31日　　初版第2刷発行

著　者　内　山　秀　一
　　　　野　坂　俊　弥
　　　　八　田　有　洋

発行者　柴　山　斐呂子

発 行 所　理工図書株式会社

〒102-0082　東京都千代田区一番町27-2
電話 03（3230）0221（代表）
FAX 03（3262）8247
振替口座　00180-3-36087番
http://www.rikohtosho.co.jp